招招狠象棋全攻略破解系列

入局飞刀

傅宝胜　朱兆毅　主编

时代出版传媒股份有限公司

安徽科学技术出版社

图书在版编目(CIP)数据

入局飞刀 / 傅宝胜,朱兆毅主编. --合肥:安徽科学
技术出版社,2017.7(2022.6重印)
(招招狠象棋全攻略破解系列)
ISBN 978-7-5337-7220-8

Ⅰ.①入… Ⅱ.①傅…②朱… Ⅲ.①中国象棋-残
局(棋类运动) Ⅳ.①G891.2

中国版本图书馆 CIP 数据核字(2017)第 114836 号

入局飞刀　　　　　　　　　　　　　傅宝胜　朱兆毅　主编

出　版　人:丁凌云　　　选题策划:刘三珊　　　责任编辑:杨都欣
责任印制:梁东兵　　　封面设计:吕宜昌
出版发行:安徽科学技术出版社　　　http://www.ahstp.net
(合肥市政务文化新区翡翠路 1118 号出版传媒广场,邮编:230071)
电话:(0551)63533330
印　　制:三河市人民印务有限公司　　　电话:(0316)3650588
(如发现印装质量问题,影响阅读,请与印刷厂商联系调换)

开本:710×1010　1/16　　　印张:10.75　　　字数:193 千
版次:2022 年 6 月第 2 次印刷

ISBN 978-7-5337-7220-8　　　　　　　　　　定价:33.80 元

前　　言

　　象棋历史悠久，是中华民族的文化瑰宝，集科学性、艺术性、竞技性、趣味性于一体，以其特有的魅力，吸引着数以万计的爱好者。

　　象棋在培养逻辑思维能力、形象思维能力、空间想象力、指挥能力、应变能力、比较选择能力、计算能力以及大局意识等方面都大有裨益，同时也可以陶冶情操、锻炼意志。

　　本套书中，《入局飞刀》的精妙、《流行布局》的理念、《战术妙招》的组合、《中局杀势》的明快、《杀王技巧》的过程、《妙破残局》的功夫、《和杀定式》的套路、《江湖排局》的奥妙，皆一览无余地展现在读者面前。读者通过本套书的学习，必能迅速提高象棋水平。

　　参加本套书编写的人员有朱兆毅、朱玉栋、靳茂初、毛新民、吴根生、张祥、王永健、吴可仲、金宜民。象棋艺术博大精深，丛书中难免有不当之处，敬请广大读者指正。

编者

目　　录

1

目　录

第一章　全国象棋杯赛战例

第1局　弃车搏士，车炮妙杀

如问题图1-1，是"霸王杯"全国少年象棋赛的中局战例。盘面红虽少子，但得先势，红方该采取何种入局飞刀手段呢？

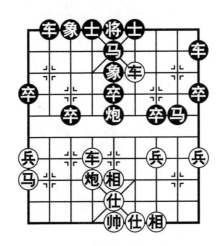

问题图1-1

着法：（红先）

1. 车四进二……（入局飞刀图1-1）

弃车砍士，一击中的，是迅速入局的飞刀手法！

1. ……将5平6。

2. 车六进六，将6进1。

3. 炮六进六，将6进1。

4. 车六平四，车9平6。

5. 车四退一。

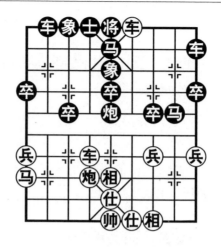

入局飞刀图 1－1

红方连续使出绝命杀招,红胜。

第 2 局　两次掏心,绝技惊人

如问题图 1－2,是广州"五羊杯"赛中两位特级大师的中局谱。观枰,黑方多一卒,占先得势的红方该如何飞刀入局?

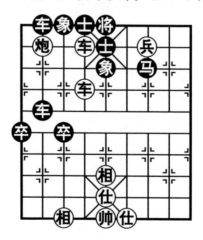

问题图 1－2

着法:(红先)

1. 炮八平五……(入局飞刀图1-2)

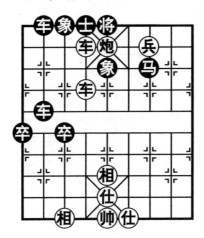

入局飞刀图1-2

红方抓战机,轰中士,剪羽要杀,飞刀之手!阴冷杀气扑面而来。

1. ……士4进5。

2. 兵三平四,象3进1。

红平兵要杀,逼象扬边,后续着法紧凑!

3. 前车平五!(红胜)

二次掏心,凶悍异常。以下马7退5,红则车六平二,形成绝杀。

第3局 一剑穿宫,血染皇城

如问题图1-3,是肇庆第四届"百花杯"赛中两位特级大师的中局片段。观枰,红方多兵,似呈对攻。轮黑先走,黑该如何施刀入局?

着法:(黑先)

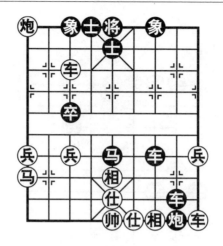

问题图 1－3

1. ……车 8 平 5（入局飞刀图 1－3）

弃车砍士，花心采蜜，杀开一条血路，飞刀掺毒之举！

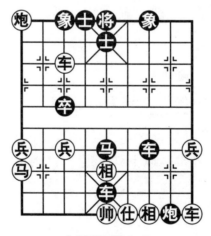

入局飞刀图 1－3

2. 帅五进一，马 5 进 7。

3. 帅五退一，车 7 平 6！（黑胜）

车平肋道，构成绝杀！以下红如续走帅五平六，则黑车 6 进 3；帅六进一，车 6 平 4，车借炮力抠底杀，红败。

第4局 炮声隆隆,一击中的

如问题图1-4,是"迈特·兴华杯"象棋赛"巾帼战须眉"的中局谱。观枰,黑棋占下风,轮红走子。红方该如何一剑封喉呢?

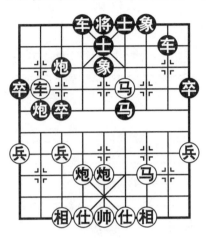

问题图 1-4

着法:(红先)

炮六进六! (入局飞刀图1-4)

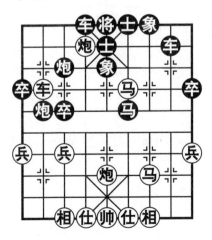

入局飞刀图 1-4

5

献炮打车,一石击破水中天! 是十分精妙的入局飞刀!

以下黑如走车4进1,则红车八进三;车4退1,马四进六杀。黑如左车出逃,则马四进三,卧槽闷杀,红胜。

第5局 妙施困术,三战吕布

如问题图1-5,是第22届"五羊杯"赛中两位特级大师的实战谱。观枰,双方子力相当,形势不相上下。轮红走子,红该如何施入局飞刀?

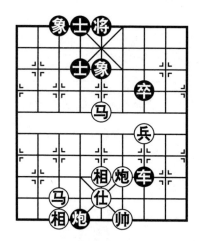

问题图 1-5

着法:(红先)

1. 马五退六······(入局飞刀图1-5)

红方以退为进,巧施围困飞刀术! 精彩入局!

1.······炮4退1。

2. 帅四平五,车7平8。

3. 帅五平六,车8进2。

4. 帅六进一,车8平3。

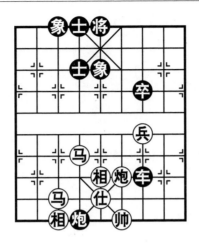

入局飞刀图 1-5

5. 炮四平三,卒 7 进 1。

6. 兵三进一,象 5 进 7。

7. 仕五退六,车 3 平 2。(红胜)

至此,形成三英战吕布的必胜局面,黑方认负。

第 6 局　将军脱袍,锐不可当

如问题图 1-6,是 2004 年"将军杯"全国象棋甲级联赛中的中局片段。观枰,红方单缺仕相,黑双车虎视眈眈,正准备沉炮叫将重击。轮红走子,红该怎么办?

着法:(红先)

1. 相五退七……(入局飞刀图 1-6)

黑如改走炮 8 进 1,则炮三进九;马 9 退 7,车一平六;车 4 进 1,车八平六;士 5 进 4,车六进五;将 4 平 5,马四进三;将 5 进 1,炮九平二,红胜。

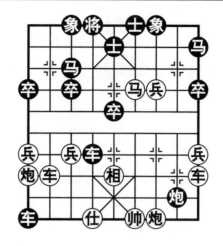

问题图 1－6

1. ……车1退1。

2. 车八平六，车1平4。

3. 车六退一，车4进2。

4. 炮九平六，马3进5。

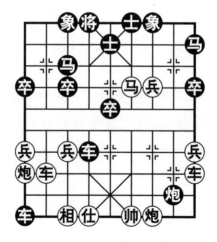

入局飞刀图 1－6

平炮盖车，伏马后炮杀，黑方大势已去。

5. 炮三进三,车 4 进 1。

6. 帅四进一,车 4 退 1。

7. 帅四退一,车 4 进 1。

8. 帅四进一,车 4 平 7。

9. 炮三平六,将 4 平 5。

10. 前炮平五,士 5 进 6。

11. 炮五进三,炮 8 退 2。

12. 车一平五。(红胜)

至此,红方得子占势,黑方认负。

第 7 局　弃车解杀,捷足先登

如问题图 1-7,是全国象棋"将军杯"赛的实战中局。观枰,双方形成对攻。红方弃车做杀,黑方看似毫无办法。岂料黑方突施飞刀,抢先制胜。

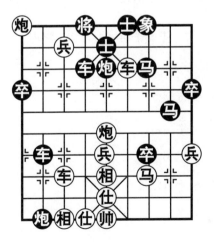

问题图 1-7

着法:(黑先)

1. ……车 4 进 7(入局飞刀图 1－7)

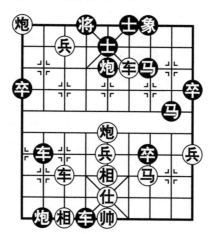

入局飞刀图 1－7

此招弃车解杀,为入局飞刀!

2. 仕五退六,车 2 平 4!

3. 相五退三……

红如改走车七退一防守,则车 4 进 3;帅五进一,车 4 平 5;帅五平四,卒 7 进 1;车七平六,炮 5 平 4,红无杀,黑胜。

3. ……士 5 进 6。

4. 马三退四,车 4 进 3。

5. 帅五进一,车 4 平 5。

6. 帅五平四,车 5 平 6。

7. 帅四平五,车 6 平 4。

8. 相七进九,马 8 进 6。

9. 车七平四,马 6 进 7。

10. 相三进五,后马进 6。

11. 炮五平八,炮 5 平 2。

红方认负。

第 8 局　回马金枪,轰车擒王

如问题图 1 - 8,是 2008 年"嘉周杯"象棋特级大师赛女子组的中局谱。观枰,黑方虽残象少卒,但黑马活跃,双方形成对峙。黑先,有何妙手入局?

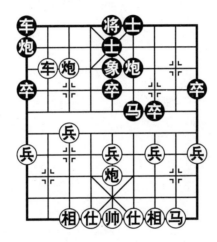

问题图 1 - 8

着法:(黑先)

1. ……马 6 退 4!(入局飞刀图 1 - 8)

退马捉车,犹如"回马金枪",顿令红方进退两难。

2. 车八退一,马 4 进 3。

红如改走车八平九,则马 4 进 2,黑将得子占优。红如车八退三,则炮 6 平 3;相七进九,卒 5 进 1;兵七进一,形成黑多子、红占先,双方均有顾忌的局面。

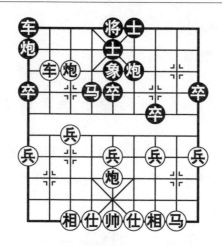

入局飞刀图 1 - 8

3. 车八平七,马 3 进 4。

红如改走车八平五,则炮 6 平 3;车五平七,马 3 进 4;帅五进一,车 1 平 2;帅五平四,车 2 进 8;仕四进五,士 5 进 6,黑亦呈胜势。

4. 帅五进一,车 1 平 2。

5. 帅五平四,炮 6 退 1!

黑方退炮避免伏杀,此招紧凑有力,顿令红方难以招架。

6. 仕四进五,士 5 进 6。

7. 仕五进四,车 2 进 8。

8. 帅四退一,士 6 退 5。

如改走仕六进五,则士 6 退 5 杀。

9. 仕四退五,炮 1 平 3!

黑方平炮后轰车伏杀,擒住红车,红遂停钟认负,黑胜。

第 9 局　救命神招,进逼入局

如问题图 1 - 9,是"北方杯"赛中双方战至中残局的形势。观枰,黑方少子占势;红方帅位虽差,但有马六进八的反戈绝杀。黑先,有何化险为夷的手段呢?

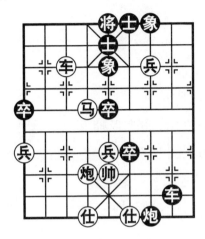

问题图 1-9

着法:(黑先)

1. ……车 8 退 3!(入局飞刀图 1-9)

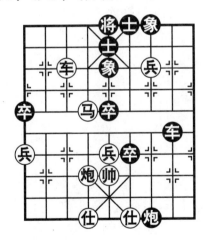

入局飞刀图 1-9

绝妙! 攻守兼备,令红马动弹不得,否则卒 6 平 5 后成绝杀。这是此盘面下的救命神招或入局飞刀!

2. 车七退四,卒 5 进 1!

黑妙手连发,又是一把入局飞刀!

3. 炮六退一,卒 5 进 1!

红方退炮无奈,如改走马六进八,则卒 5 进 1;帅五退一,车 8 进 3 杀。黑方进卒,步步紧逼!

4. 马六退五,车 8 平 5。

以马换卒是无奈之举,如改走帅五退一,则车 8 平 5,伏卒 5 进 1 的杀手和卒 5 平 4 抽车的双重威胁,红也必败无疑。

5. 帅五退一,卒 6 平 5。

如改走炮六平五死守,黑有炮 7 退 3 丝线拴牛的恶着,并暗伏卒 6 进 1 得车的威胁。

6. 车七退一,炮 7 退 5!

黑方找回失子,胜势已成。退炮一招颇为厉害,伏卒 5 进 1 强行闯宫,红不能车七平五,否则打死车。

7. 帅五退一,卒 5 进 1。

8. 仕四进五,炮 7 平 5。

9. 炮六进五,炮 5 退 1。

10. 帅五平四,车 5 平 6。

11. 帅四平五,车 6 进 2!

12. 车七进一,车 6 进 1!

红方看到,如接着走车七平五,卒 5 进 1;仕六进五,车 6 平 5! 红必丢车,遂认负。黑胜。

第 10 局　弃马献炮,杀出血路

如问题图 1-10,是"中国香港回归杯"赛中双方战成的中残形势。

观枰,红方面临黑方"宽一气杀"(炮 7 平 9,即绝杀)的严峻局面。战局已到关键时刻,红先,该如何是好?

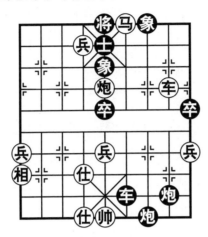

问题图 1 - 10

着法:(红先)

1. 兵六平五……(入局飞刀图 1 - 10)

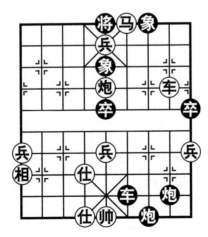

入局飞刀图 1 - 10

红平兵吃士,以弃马为代价,强攻入局,乃"飞刀"之手!

1. ……将 5 平 6。

2. 车二进二,象 5 进 7。

进车下二路(伏兵五进一)催杀,是"飞刀"后续!

3. 炮二平四,车 6 退 5。

献炮要杀,精彩之极! 逼迫黑方兑炮。

4. 车二退七,车 6 进 6。

红方通过先弃马后献炮的战术手段,彻底消除了黑方杀势,实现了有杀对无杀的胜利局面。

5. 帅五进一,象 7 退 5。

6. 车二进五,象 7 进 9。

7. 车二平五,车 6 退 7。

8. 车五退一,炮 7 退 7。

9. 相九退七,象 9 进 7。

精细! 如贸然走车五平一吃边卒,则象 5 进 7;车一进一,车 6 进 6;帅五退一,炮 7 平 5;车一平五,车 6 退 2;仕六进五,炮 5 进 4;仕五进四,炮 5 退 5;车五进二,车 6 平 1;兵一进一,车 1 平 9。黑棋有望求和。

10. 相七进五,炮 7 退 2。

11. 兵九进一,炮 7 平 8。

12. 车五平六!(红胜)

至此,黑车不能离开将门线,黑炮不能离开底线,眼看红方中兵、边兵依次过河,却无能为力,遂认负。

第 11 局　两步马凶,巧截子赢

如问题图 1—11,是第六届"威凯房地产"杯全国象棋排位赛中两

16

位大师战完21回合后所形成的盘面。看似风平浪静,黑先,却发现了红方的缺陷,迅速入局。

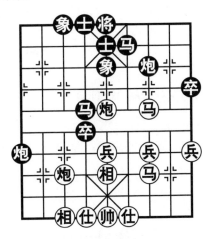

问题图 1－11

着法:(黑先)

1. ……马4进2!（入局飞刀图1－11）

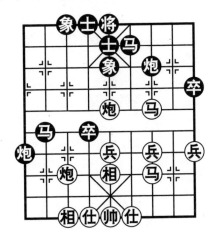

入局飞刀图 1－11

2. 炮七退一,马2进4。

红如改走炮七平六,则卒4进1,以下黑方伏有马4进2踩双炮和炮1退2打马的双重先手,红方丢子在所难免。

3. 炮七平六,炮1退2。

退炮打马,巧得一子。结果黑胜。(以下略)

第12局　横兵引车,踏象入局

如问题图1-12,是"磐安伟业杯"全国象棋大师冠军赛中首轮双方弈成的中局形势。观枰,红方中路攻势猛烈,黑方右翼潜在反击。红先,有何妙手入局制胜呢?

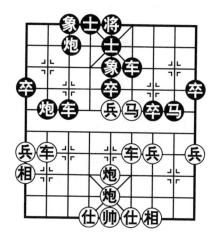

问题图1-12

着法:(红先)

1. 兵五平六……

弃兵引车,策划入局开始!

1. ……车3平4。

2. 马四进五……(入局飞刀图1-12)

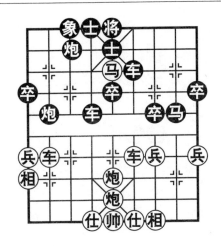

入局飞刀图 1－12

红马踏中象,抢先发难,入局飞刀!

2.⋯⋯象 3 进 5。

3. 前炮进五,士 5 进 4。

4. 车四进四,炮 3 平 2。

5. 相三进五⋯⋯

红飞相击中卒伏杀,弃车解危,妙手送出!

5.⋯⋯卒 5 进 1。

6. 车八平六!

献车解杀,虎口拔牙! 黑见大势已去,推枰认负。

第 13 局　马入中宫,咄咄逼人

如问题图 1－13,是"千年银荔杯"全国象棋甲级联赛中的中局片段。观枰,黑方各大子占位良好,红方双车呆滞。黑先,如何入局?

着法:(黑先)

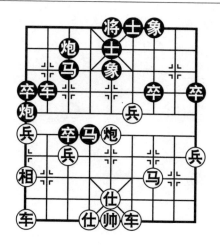

问题图 1－13

1. ……马 4 进 5！（入局飞刀图 1－13）

马入中宫,咄咄逼人,乃入局飞刀也！

2. 车九平七,炮 1 进 3。

3. 马三进五,马 5 退 3。

4. 炮五平二,卒 3 平 4。

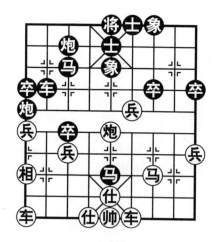

入局飞刀图 1－13

5. 车四进二,炮 1 退 1。

6. 马五进三,前马进 5!

献马打车叫闷,又祭一把飞刀,红已不可收拾。

7. 车七进七,炮 1 进 3。

至此,红方必然车七退七,则马 5 进 3;帅五平四,炮 3 进 8;帅四进一,炮 1 退 1。黑方多子占势,胜定。

第 14 局　轻轻一动,万钧之力

如问题图 1-14,是"中视股份杯"象棋年度总决赛中的中局片段。观枰,布局未几,双方交手仅 12 个回合,黑方右马已暴露出弱点。红先,如何操刀?

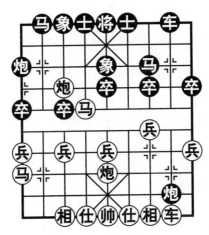

问题图 1-14

着法:(红先)

1. 炮七平八(入局飞刀图 1-14)

红炮不打卒压马而轻轻左移一步,伏炮五平八打死马的手段,为飞刀之招！

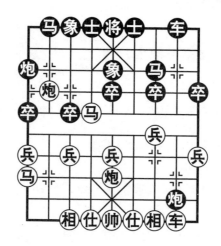

入局飞刀图 1－14

1. ……炮 1 进 4。

2. 炮八进一，象 5 退 7。

落象这一软手导致局势恶化。正着应为炮 8 平 2 兑车，则车二进九；马 7 退 8，炮五进四；士 6 进 5，炮八进一。黑虽处下风，但战线还长。

3. 兵七进一，卒 3 进 1。

红献兵为巧手，是扩先取势的佳着！

4. 马六进八，士 6 进 5。

5. 马八退七，炮 1 平 9。

6. 炮五平八，马 2 进 1。

7. 后炮平七，将 5 平 6。

红方连出重拳，炮如连珠，紧逼黑方弃象出将。围剿黑马的战斗已见成效。

8. 炮七进七，将 6 进 1。

9. 马七进八, 车 8 进 6。

10. 炮七退六, 车 8 平 5。

红方退炮串打, 着法简洁明快。

11. 仕四进五, 炮 9 平 3。

12. 车二进一, 炮 3 退 2。

13. 车二平四, 士 5 进 6。

14. 马八进六, 将 6 平 5。

15. 马六退七。

至此, 红方得子得势, 黑方认负。

第 15 局 运炮如神, 抢攻取胜

如问题图 1 - 15, 是"亨王杯"象棋邀请赛决赛加赛中的"镜头"。眼下双方大子对等, 黑有卒渡河, 但红车正威胁 7 路马。黑先, 该如何操刀入局呢?

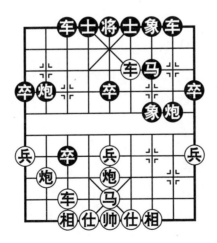

问题图 1 - 15

着法:(黑先)

1. ……炮 8 进 4!

进炮打车,逼黑方窝心马离位,是组合战术入局的第一步,巧!

2. 马五进三,炮 2 平 3!(入局飞刀图 1-15)

打车在于轰底相,为入局飞刀!

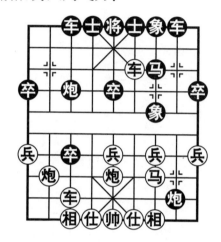

入局飞刀图 1-15

3. 车七平四,炮 3 进 6。

4. 仕六进五,士 4 进 5。

弃马抢攻,有胆有识,方显英雄本色。

5. 前车平三,象 7 进 5。

6. 车四进五,卒 3 平 4。

7. 炮五进四,炮 3 平 1。

8. 炮五平七,炮 8 退 5。

黑方再献炮伏抽吃,精彩!

9. 车三平五,炮 8 平 3。

10. 车五平八,炮 3 平 4。

平炮看守肋道将门,佳着! 黑方运炮的功夫可谓出神入化。

11. 车四平六,车 3 进 9。

12. 仕五退六,车 3 退 7。

13. 仕六进五,车 3 平 2。

14. 炮八进四,车 8 进 7。

黑方抽得一车后,左车又投入战斗,锁定胜局。

第 16 局　炮打底仕,强撕防线

如问题图 1 – 16,是第六届"威凯房地产杯"2008 年全国象棋排位赛两位特级大师激战的"镜头"。现轮黑方走子,黑方该如何强行撕破红方防线,迅速入局呢?

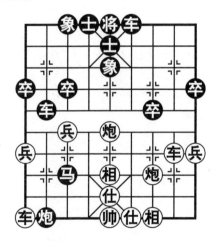

问题图 1 – 16

着法:(黑先)

1. ……炮 2 平 6!(入局飞刀图 1 – 16)

黑方毅然炮打底仕,强行撕开红方防线,乃飞刀手法。

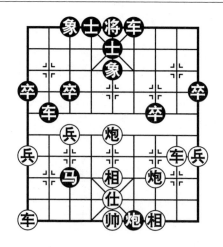

入局飞刀图 1－16

2. 仕五退六……

红若仕五退四去炮,则车 2 平 6;仕四进五,马 3 进 5,黑方速胜。

2. ……马 3 进 4。

黑方"马 3 进 4"亦凶悍之极！以下红方虽竭力顽抗,但终难挽颓势。

3. 车九进二,马 4 退 2。

4. 车九平七,炮 6 退 3。

5. 相五退七,炮 6 平 3。

6. 炮三平一,炮 3 进 3。

7. 车七平二,车 2 平 5。

8. 炮五退二,车 6 进 9！

妙手！红若帅五平四,则马 2 进 4;炮五退二,车 5 平 6,杀！

9. 帅五进一,炮 3 平 1。

平炮绝杀,黑胜。

第17局　炮打重城,平地惊雷

如问题图1-17,是"中视股份杯"象棋年度总决赛半决赛中形成的盘面。观枰,双方大小子完全相等,黑车正捉红炮。红先,该如何操刀入局呢?

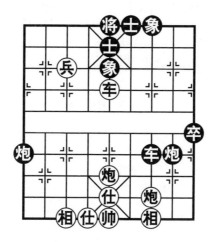

问题图 1-17

着法:(红先)

1. 炮三进八……(入局飞刀图1-17)

红猝然弃炮轰象,平地惊雷,是迅速入局的飞刀之手!

1. ……车7退6。

黑如象5退7,则车五平九;士5退4,相三进一;卒9平8,兵七平六;炮8进3,帅五平四(如误走车九平五,则士4进5;车五平三,炮1平5,红丢车,黑反败为胜)。红空心炮威力巨大,黑难以抵御。

2. 炮五进五,士5进6。

3. 兵七进一,车7进9。

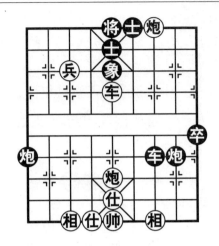

入局飞刀图 1 - 17

4. 仕五退四,炮 8 进 3。

5. 帅五进一,车 7 退 1。

6. 帅五进一,车 7 退 2。

7. 炮五平九,士 6 进 5。

平炮侧击,杀法敏锐,黑形势危急。

8. 炮九进二,将 5 平 6。

9. 车五平二,车 7 平 5。

10. 帅五平六,将 6 平 5。

11. 车二平六,将 5 平 6。

12. 车六进三,将 6 进 1。

13. 车六平二。

红车、炮、兵左右夹击,一鼓作气,形成绝杀,黑方认负。

第 18 局　虎口拔牙,马踏中宫

如问题图 1 - 18,是"敦煌杯"象棋大师赛弈成的中局形势。盘面上红虽多一子,但黑士象俱全,并多两卒。红先,应如何快速入局?

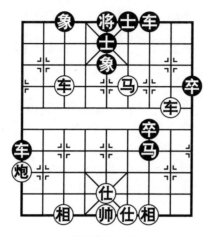

问题图 1－18

着法:(红先)

1. 车二进四(入局飞刀图 1－18)

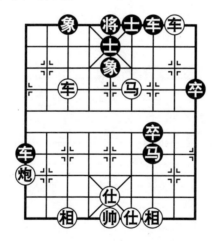

入局飞刀图 1－18

红方虎口吃车,是快速入局的飞刀之招,也是总攻的前奏。

1. ……车 7 进 4。

黑逃车无奈,别无他法。

2. 马四进五,车7退3。

红马踏中士凶狠异常,是飞刀手段的继续。

黑如改走将5进1,则车八进二,再车八平四,形成绝杀。

3. 马五进七……

红方好棋,眨眼间黑方阵形支离破碎,难逃一败。

3. ……象5退3

4. 车八平五,车7平5。

5. 车五平四。(红胜)

第19局 扬相打车,暗伏杀机

如问题图1-19,是"避暑山庄杯"象棋邀请赛中弈成的中局片段。从盘面上看,双方大子对等,阵形工整,士象俱全。红先,该如何抓住黑棋弱点妙手入局呢?

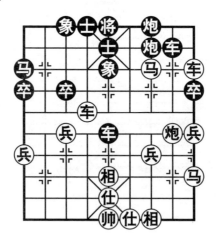

问题图1-19

着法:(红先)

1. 相五进三(入局飞刀图 1 - 19)

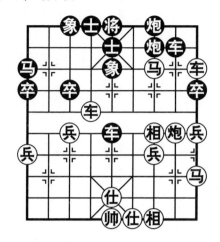

入局飞刀图 1 - 19

红方扬相打车,妙手! 为三路马移动攻击(消除黑"双献酒"的杀着)做铺垫。

1. ……车 5 进 1。

2. 马三退二,后炮进 5。

3. 相三进五,车 8 进 3。

4. 车六平二……

红方斩获一车,是首着扬相打车的延续,红已胜利在望了。

4. ……前炮平 5。

5. 车二平六,车 5 进 1。

6. 帅五平六,车 5 平 9。

7. 炮二进五,车 9 平 8。

8. 炮二平六。(红胜)

黑无法阻挡红双车、炮的进攻,遂认负。

第 20 局　咬象入局，弃车取胜

如问题图 1−20，是第 3 届全国体育大会"浦发银行杯"象棋赛第 7 轮所弈成的盘面。观枰，呈互缠局面，黑方多卒。红先，该如何入局，迅速取胜呢？

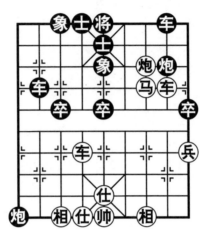

问题图 1−20

着法：（红先）

1. 马三进五（入局飞刀图 1−20）

红方弃车跃马咬象，凌厉而精彩！

1. ……车 2 平 8。

2. 马五进三，将 5 平 6。

3. 车六平四，士 5 进 6。

4. 炮三退五。

以下，黑将 6 进 1，则马三退二去车，红稳胜。由此可见红弃车跃马咬象这一计算之精确。

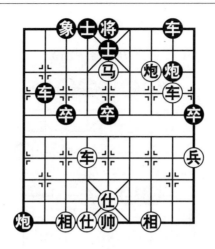

入局飞刀图 1－20

第 21 局 虎口轰车，出神入化

如问题图 1－21，是第 3 届全国体育大会"浦发银行杯"象棋赛第 9 轮的中局。观枰，红虽多四兵，但在黑将统领下，黑车、马、双炮占位俱佳。黑突然升炮虎口轰车，煞是好看。

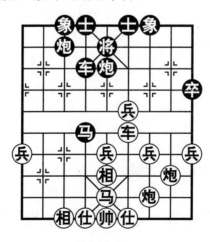

问题图 1－21

着法：（黑先）

1. ……炮3进4！（入局飞刀图1－21）

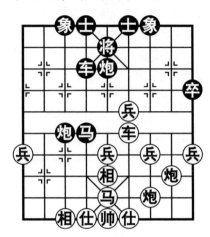

入局飞刀图 1－21

黑炮倒骑河相口轰车，实为入局妙手、飞刀招法！

2. 车四平五……

红无奈，此时如相五退七，黑马4进3，成绝杀；又如车四退三，则马4进5，相七进五，车4进6，相五进七，将5平4，亦成绝杀；再如车四退二，将5平4，红亦招架乏术。

2. ……炮3平5。

3. 兵五进一，马4进2。

4. 马五进七，车4进4。

红因丢子失先而认负，黑胜。

第22局 借牵做杀，黑炮三进

如问题图1－22，是第3届"广洋杯"大棋圣战弈战局谱。现轮黑走,从盘面上看,黑多子、多卒、残象,无根车、炮被拴,一旦被红炮九平三,局势不明朗,黑该怎么办?

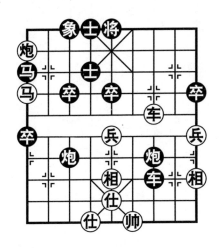

问题图 1－22

着法:(黑先)

1. ……炮 3 进 1!

进炮使车生根,不仅避免红炮九平三,且伏炮 7 平 6 逼兑车之招。若红接着走车三平四,则车 7 平 6;帅四平五,炮 6 平 5,绝杀。

2. 相五退七,炮 3 进 1!

黑再进炮,伏炮 7 平 3 叫杀得车之招。

3. 相七进五,炮 3 平 4!

4. 车三平六,炮 7 平 1。

以下红只有车六退四,则炮 1 进 3;帅四进一,车 7 进 1;帅四进一,车 7 退 7;帅四退一,车 7 平 6;仕五进四,车 6 平 1;车六平九,马 1 退 3。兑子后,黑稳胜。(入局飞刀图 1－22)

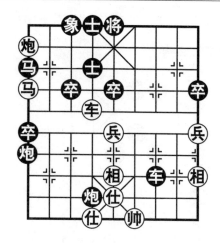

入局飞刀图 1-22

第 23 局 献炮露帅,巧夺天工

如问题图 1-23,是"木建杯"象棋棋星邀请赛的中局片段。观枰,红方多一子,但黑方车、象分别捉红方炮、马,似乎黑方形势不弱。红先,有何妙手一锤定音呢?

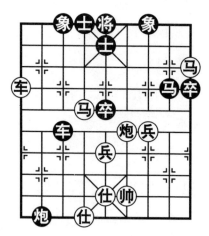

问题图 1-23

着法:(红先)

1. 炮四平五……(入局飞刀图1-23)

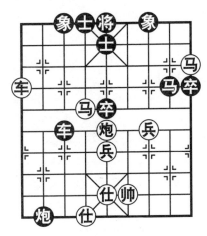

入局飞刀图 1-23

中路献炮阻车、露帅,绝妙入局飞刀! 精彩!

1. ……马8退6。

黑如改走象7进9吃马或卒5进1吃炮,则车九平二伏杀,红方胜定。

2. 马六进八,炮2退1。

3. 帅四退一,炮2进1。

4. 帅四进一,车3平4。

黑如改走车3退2,则马八进七;车3退2,马一进三;将5平6,炮五平四,红胜。倘若改走炮2退5,则马八进六;将5平6,马六退五,红胜定。

5. 马八进七,将5平6。

6. 马一退三……

红退马继续弃炮,伏有多种攻击手段,又是一手绝妙之招!

6. ……卒 5 进 1。

7. 马三进二,将 6 进 1。

8. 车九平三,卒 5 平 6。

9. 车三进二,将 6 退 1。

10. 车三进一,将 6 进 1。

10. 马二退三。

至此,构成"侧面虎"杀势,黑方投子认负。

第 24 局 妙手弃车,入局制胜

如问题图 1-24,是首届"来群杯"象棋名人战女子组第 7 轮弈成的中局盘面。眼下双方对攻激烈。现轮黑方走子,且看黑方如何操刀。

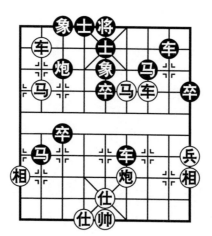

问题图 1-24

着法:(黑先)

1. ……马 2 进 4。

2. 帅五平四,车 6 进 1。(入局飞刀图 1 - 24)

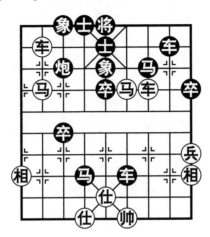

入局飞刀图 1 - 24

红如改走仕五进六,则车 8 进 8;相一退三,车 6 进 1;仕六进五,车 6 退 3,成互缠之势。现出帅乃速败之着。

黑弃车砍炮,飞刀入局,一举突破红方防线。

3. 仕五进四,车 8 进 7。

4. 马八进七,将 5 平 6。

5. 车八退七,车 8 平 2。

6. 仕四退五,马 4 退 5。

红方送车解杀后,形成黑方多子的必胜局面。余着从略。

第 25 局 弃车砍炮,轰士入局

如问题图 1-25,是第 7 届"嘉周杯"特级大师冠军赛女子组第 4 轮的弈战中局谱。眼下黑炮正串打红车、炮,轮走子的红方该如何应对呢?

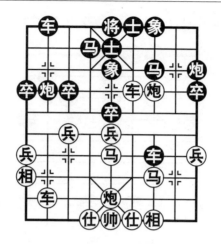

问题图 1－25

着法：(红先)

1. 车八进五(入局飞刀图 1－25)

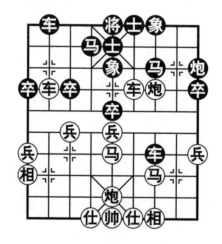

入局飞刀图 1－25

弃车砍炮不是迫不得已，而是胸有成竹，此乃入局飞刀！

1. ……车 2 进 3。

2. 炮五平三，车 7 平 8。

3. 车四进三,马 7 进 5。

4. 兵五进一,车 2 进 4。

5. 兵五进一……

红方得回失子(即一车兑两子),且有攻势。这一连串招法都是飞刀的延续,也是预算之中的变化。

5. ……马 4 进 5。

6. 前炮平四,车 8 退 6。

7. 炮三平五,车 2 平 6。

8. 炮四进三……

红炮轰底士,好棋!迅速入局形成胜势。如贪子走炮五进五,则车 8 进 6,正中黑先弃后取的圈套,黑得以与红对抗。

8. ……车 6 退 6。

9. 炮四平二,士 5 退 6。

10. 炮五进五,将 5 平 4。

11. 马五进六,象 5 退 3。

12. 炮五退四,炮 9 平 5。

13. 马六进五,象 3 进 5。

至此,红方多子而黑方士象不全,黑终因少子而败此。(余着从略)

第二章 全国象棋个人赛战例

第1局 弃车砍炮,重炮成杀

如问题图2-1,是蚌埠全国象棋个人赛(女子组)的中局战例。盘面呈对攻之势,红先,该如何施展入局飞刀呢?

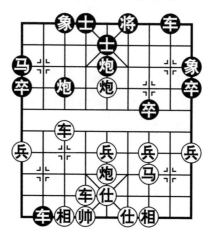

问题图 2-1

着法:(红先)

1. 车七平四,炮5平6。

2. 车四进三……(入局飞刀图2-1)

红方进车杀炮,实乃入局飞刀!

2. ……士5进6

3. 车六进八,将6进1。

4. 前炮平四,士6退5。

5. 炮五平四。

形成"重炮"绝杀！红胜。

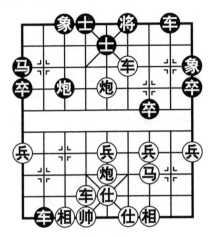

入局飞刀图 2-1

第2局　进车捉车,精妙取胜

如问题图 2-2,是第 6 届全运会象棋预赛中的中局战例。观枰,红双车闻手,正逼兑黑车,看似黑方不妙。黑先,有入局飞刀之招吗?

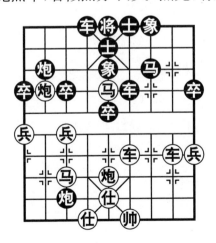

问题图 2-2

着法:(黑先)

1.……车4进6!(入局飞刀图2-2)

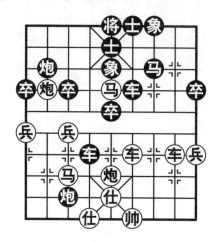

入局飞刀图 2-2

进车捉车,出乎意料,精彩绝伦,乃飞刀之招!

2. 车四进三……

红如改走炮五进一阻拦,则马7进6,伏车6平7要杀的恶着,红方难以招架。

2.……车4平8。

3. 仕五进六,马7进8。

4. 车四进二,炮2退1!

退炮打车,精细之极!逼退红车至唯一一点,为以下的迅速入局创造了条件。

5. 车四退六,炮3进1。

沉炮叫将,次序井然,迫红支仕,是上一步打车手段的后续,漂亮!

6. 仕六进五,车8进3。

7. 帅四进一,马8进7。

8. 车四平三,车8平7。

9. 仕五进四,车7退1。

至此,红方认负。以下是帅四退一,则马7进5,吃炮带将,再车7退1吃车,黑胜。

第3局　马奔大堂,精妙异常

如问题图2-3,是第六届全运会象棋预赛中的中局战例。观枰,红方四子归边,占势得先,该如何施展飞刀术,迅速入局制胜呢?

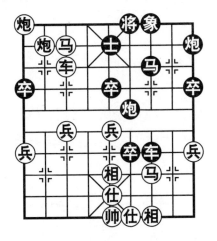

问题图 2-3

着法:(红先)

马七进五!(入局飞刀图2-3)

飞马扑火,乃飞刀之招!一举而定胜势。以下黑如续走士5退4,红则马五退六;士4进5,车七进二或炮八进一,成"八角马"杀。黑如改走将6平5,则炮八进一,重炮杀。红胜。

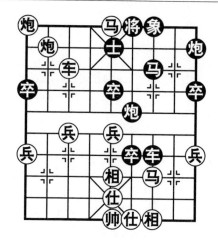

飞刀入局图 2-3

第 4 局 弃炮轰兵,马踏中宫

如问题图 2-4,是广东顺德全国象棋个人赛男子预赛弈成的中局形势。观枰,双方兵力大体相当,黑方各子兵力占位较好。黑先,有飞刀入局的手段吗?

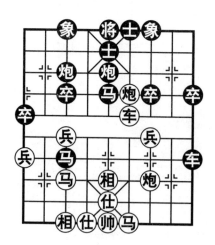

问题图 2-4

着法：(黑先)

1. ……炮 3 进 3！（入局飞刀图 2－4）

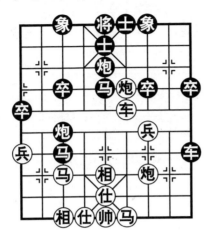

入局飞刀图 2－4

黑弃炮打兵,时机绝妙,迅速突破红方防线,乃入局飞刀之招!

2. 炮四平七……

红方如走相五进七吃炮,则马 5 进 4;车四平五,马 4 进 6,捉车兼挂角要杀,黑方胜定。

2. ……马 5 进 4。

3. 车四平六,马 4 进 5!

踏相伏杀,红方认负。

红方如续走相七进五,则马 3 进 5;马四进五,车 9 进 3,黑胜。

第 5 局　弃车搏象,马踏连营

如问题图 2－5,是 1995 年全国象棋个人赛中弈成的中局盘面。观枰,黑炮正捉红车。红方有何飞刀手段,顺利入局、迅速制胜呢?

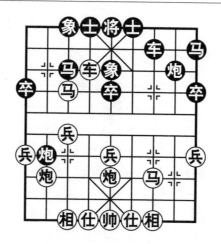

问题图 2－5

着法:(红先)

1. 马七进五(入局飞刀图2-5)

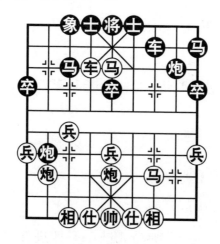

入局飞刀图 2－5

弃车踩象,乃入局飞刀! 弈来气势磅礴。

1. …… 车 7 进 1。

黑如改走炮8平4,则马五进三;将5进1,马三退四;将5退1,兵七进一,红方呈胜势。

2. 炮五进四,士 6 进 5。

3. 马五进三,将 5 平 6。

4. 炮八平四。

此时红方车、双马都在对方"口"里,而红方却平炮,精妙绝伦!以下黑若车 7 平 4,则炮五平四杀;若车 7 进 5,则车六平四杀;若车 7 退 1,则车六平四,车 7 平 6,车四进一,将 6 进 1,炮五平四杀。黑方看出以上的变化,遂停钟认负。

第 6 局　迎车喂马,一剑封喉

如问题图 2-6,是 2005 年太原全国象棋个人赛女子组弈成的盘面。观枰,不难发现,此局面是由黑方弃子强攻所形成的。现轮红走子,且看红方入局妙招。

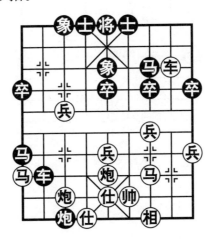

问题图 2-6

着法:(红先)

1. 马三进四，车 2 平 1。

2. 车二平三，车 1 平 3。

3. 炮七平六，车 3 进 1。

4. 炮五进四，士 4 进 5。

5. 炮六进二，车 3 退 4。

随手吃兵，招来杀身之祸，应改走车 3 退 2，虽然局势落后，但不致速败。

6. 马四进六！（红胜）

迎车喂马，绝妙飞刀之招！下一手车三平四，形成"铁门栓"绝杀！奇思妙想，一剑封喉，精彩异常！（入局飞刀图 2-6）

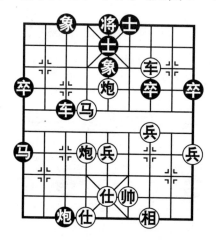

入局飞刀图 2-6

第 7 局　弃车杀士，石破天惊

如问题图 2-7，是全国象棋个人赛的中局盘面。观枰，双方呈对攻态势。现轮红方走子，红如何入局方可捷足先登呢？

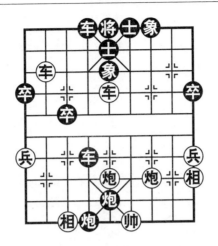

问题图 2-7

着法：(红先)

1. 车五平四,前车平5。

平车叫杀,入局好手。

2. 相一进三,象7进9。

扬相伏炮三进七、象5退7、车四
进三的杀招,是平车叫杀的后续手段。

3. 车四进三……(入局飞刀图2-7)

红弃车杀士,石破天惊,为飞刀之
招,弈来煞是好看。

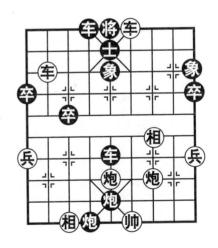

3. ……士5退6。

4. 车八平五,士6进5。

5. 车五进一。(红胜)

入局飞刀图 2-7

第8局　顿挫有致，弃车献马

如问题图 2-8，是 2003 年全国象

棋个人赛上的中局谱。观枰，红方多子且有攻势，但黑炮重点把守。红先，该如何使左车投入战斗呢？

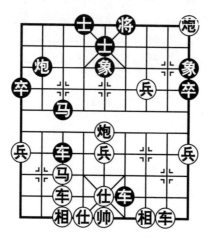

问题图 2-8

着法：（红先）

1. 炮五平二，马 3 退 5。

2. 炮二退一，车 3 退 1。

红方首着平炮叫杀，再退炮打车，为左翼车、马松绑，"过门"清爽！

3. 炮二进六，将 6 进 1。

4. 马七进六……（入局飞刀图 2-8）

红方弃车献马，精妙之极！系顿挫战术之后续飞刀招法。

4. ……车 3 平 4。

黑如改走车 3 进 3 去车，则马六进五，黑无解。

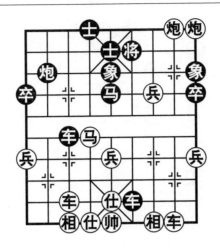

入局飞刀图 2-8

5. 车七进五,炮2退1。

6. 车二进八,将6进1。

7. 车七平五!(红胜)

吃马再度弃车,构成绝杀。以下黑如炮2平8吃车,则兵三进一;将6退1,车五平二,再车二进二杀。

第9局 弃车杀象,美妙入局

如问题图2-9,是广州全国象棋个人赛的实战中局。观枰,黑炮正捉红车,黑象正捉红炮,看似红方失子已成必然,但红方的妙手入局令人骇然。

着法:(红先)

1. 车二平五……(入局飞刀图2-9)

红方弃车砍象,妙!此乃入局飞刀。

1. ……炮1进5。

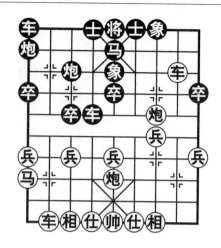

问题图 2－9

黑如改走象 7 进 5，则炮五进四；车 4 平 7，兵三进一；炮 1 进 5，兵五进一；卒 1 进 1，车八进七；车 1 平 3，马九退七，红马长驱直入，红方胜定。

2. 车五退一。（红胜）

至此，红方得象、多兵，大占优势，结果获胜。（余着从略）

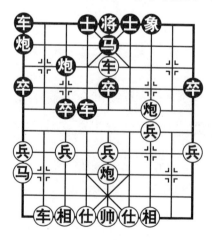

入局飞刀图 2－9

第10局 妙弃双车,巧夺天工

如问题图 2-10,是 2008 年全国象棋个人赛决赛(女子组)弈成的中局形势。观枰,黑方形势占优。现轮黑方走子,如何施展飞刀手段,绝妙入局呢?

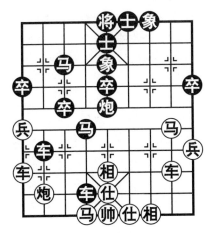

问题图 2-10

着法:(黑先)

1. ……将 5 平 4!(入局飞刀图 2-10)

出将助攻,威力无穷,飞刀之步,势不可当!

2. 车九退二,车 2 平 7!

红方退车,防黑马 4 进 5,形成"铁门栓"杀;黑方右车左移,大刀剜心,声东击西!

3. 相三进一,车 7 平 8。

图穷匕见,连环杀手,异常凶狠。

4. 车二进一,马 4 进 5。

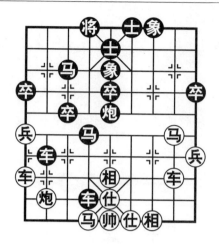

入局飞刀图 2－10

5.车二平六,将4平5!

妙弃双车,精彩绝伦,红方无解,黑胜。

第 11 局　落相诱敌,乘虚而入

如问题图 2－11,是 2008 年象棋个人赛决赛中女子组的实战中局片段。观枰,双方大子对等,和势甚浓。红先,因施诱敌计而制胜。

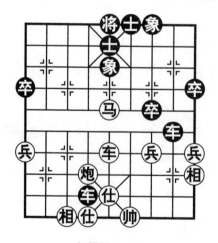

问题图 2－11

着法：(红先)

1. 相一退三，车8进4。(入局飞刀图2-11)

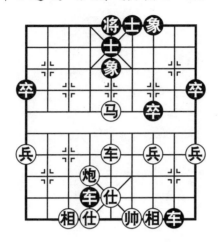

入局飞刀图 2-11

红方落相，诱敌之计！黑车追杀相，中计！黑孤车冒进，贪攻忘守。

2. 车五平八，车8平7。

黑九宫空虚，红乘虚而入！

3. 帅四进一，象5退3。

4. 车八平七，象7进5。

5. 马五进七，车4平2。

6. 炮六平五，车2退4。

如改走车2退5，则炮五进四；车2进1，马七进五，红呈胜势。

7. 马七进五。(红胜)

黑空有双车，只能望洋兴叹；红车、马、炮联攻，形成绝杀。

第12局 投鞭断流，神来之笔

如问题图2-12，是2002年全国象棋个人赛的实战谱。观枰可知,此前黑连弃两子,伏有后车退1,再炮6退1的连杀;红后院起火,该如何防范?

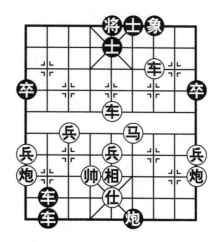

问题图 2－12

着法:(红先)

1. 相五退七……(入局飞刀图 2－12)

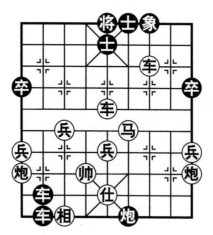

入局飞刀图 2－12

红方落相解杀,如投鞭断流,乃入局飞刀之招!

1. ……后车平5。

2. 炮一平三,炮 6 平 7。

红方平炮叫杀,良好的"过门"! 黑平炮解杀,无奈之举。

3. 炮三平五,象 7 进 9。

4. 车三平一。(红胜)

以下黑如接着走车 2 退 8 解"穿心杀",则车五进三;车 2 平 5,车一平八;车 5 进 3,炮五进三;车 5 退 2,车八进二;将 5 进 1,马四进五;车 5 退 2,马五进三连杀,黑遂认负。

第 13 局　挥车捉炮,车马冷招

如问题图 2-13,是 2007 年象棋全国个人赛的中局片段。观枰,黑方多卒缺象,黑炮倒骑河正邀兑红炮,意在简化局势。红先,该如何选择迅速入局的飞刀手段呢?

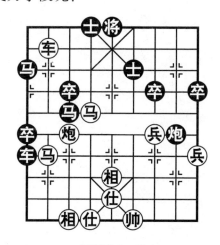

问题图 2-13

着法:(红先)

1. 车八平二……(入局飞刀图 2-13)

挥车右移,准备弃掉炮马、飞刀入局,妙!

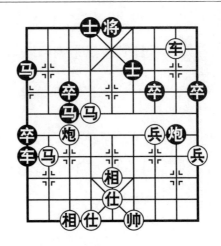

入局飞刀图 2－13

1. ……炮 8 平 3。

2. 车二进一，将 5 进 1。

3. 马六进七，将 5 平 6。

黑若改走将 5 进 1，虽仍受攻，但比实战多有周旋余地。

4. 马七进六，将 6 平 5。

5. 马六退七，将 5 平 6。

6. 车二退一，将 6 退 1。

7. 车二退一。（红胜）

退车捉士，构成"钓鱼马"之绝杀。

第 14 局　红马追风，势不可当

如问题图 2－14，是 2008 年全国象棋女子个人赛形成的中局盘面。观枰，红方已控制全局，黑方举步维艰。红先，该如何中路强攻，闪电般制胜呢？

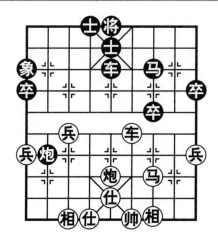

问题图 2-14

着法：(红先)

1. 车四退一……(入局飞刀图 2-14)

退车捉炮，准备上马打车，招法雄劲，乃入局飞刀！如误走车四进三，则车 5 进 5，红反而弄巧成拙。

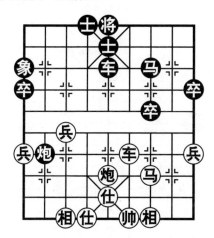

入局飞刀图 2-14

1. ……炮 2 退 3。

2. 马三进五，炮 2 平 5。

3. 马五进六，车 5 平 4。

4. 马六进五，士 5 进 6。

5. 车四进四，象 1 退 3。

6. 车四进二，将 5 进 1。

黑如马 7 退 6，则马五进三，双将杀。

7. 车四平五，将 5 平 4。

8. 车五平六，将 4 平 5。

9. 车六退二。

以上红马如追风逐电，势不可挡。现生擒黑车，红胜。

第 15 局　炮兑双象，三线要杀

如问题图 2－15，是 2005 年太原象棋全国个人赛第 6 轮弈成的中局形势。观枰，双方大小子力对等，红占攻势。轮红方走子，红该如何精彩攻杀入局呢？

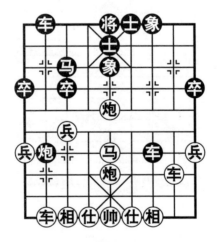

问题图 2－15

着法：(红先)

1. 马五进四,车7平6。

黑平车捉马,软着,招致"杀身之祸"。应改走炮2平5,则后炮平八,车7平6,足可与红对抗。

2. 炮五进五……(入局飞刀图2－15)

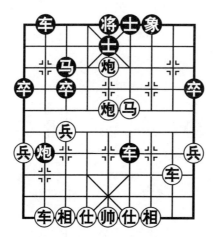

入局飞刀图 2－15

红炮轰上象,凶悍! 入局由此开始。

2. ……象7进5。

黑如改走将5平4,红则车八进三! 去炮要杀,红胜。

3. 马四进五,车6平5。

4. 仕六进五,马3进5。

5. 马五进七,将5平4。

6. 车二平六,马5退4。

7. 炮五平三,车5平7。

8. 帅五平六,炮2平4。

9. 车六进一!

弃车杀炮,呈三条纵线要杀,精彩而罕见! 红胜。

第 16 局　两度跃马, 两度弃车

如问题图 2-16, 是全国象棋个人赛中弈成的中局形势。观枰, 双方大子对等, 红占"二鬼拍门"之势。眼下黑车正邀兑红车, 现轮红方走。红方有何妙手一举获胜呢?

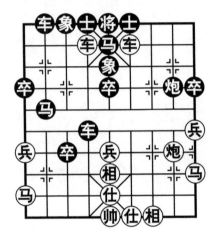

问题图 2-16

着法: (红先)

1. 马一进三……(入局飞刀图 2-16)

跃马弃车, 着法凶悍, 胆识过人, 飞刀之招!

1. ……象 5 进 7。

黑如改走车 4 退 4 吃车, 红则马三进四, 伏马四进三"钓鱼"或进二"窥槽"的手段, 红方速胜。

2. 马三进四, 车 4 平 6。

3. 炮二平一, 炮 8 退 2。

4. 炮一进三, 象 7 退 9。

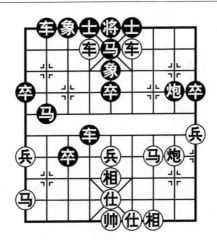

入局飞刀图 2 - 16

5. 马四进二……

红进马、炮击中卒,再度弃车,妙手连珠,令黑防不胜防。

5. ……车 6 退 4。

6. 炮一平五,马 5 进 4。

7. 车六平四,马 2 退 3。

8. 车四平二,马 3 进 5。

9. 马二进四,马 5 退 6。

10. 马四退六。

红方得子,胜定。

第 17 局　双杯献酒,闪击制胜

如问题图 2 - 17,是 2008 年全国象棋女子个人赛中弈成的中局盘面。观枰,双方中炮互兑,红因多双兵而占优。轮走子的红方有何入局途径呢?

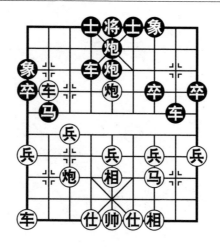

问题图 2－17

着法：(红先)

1. 炮五平七，后炮进5。

红炮移七路，攻击黑底线叫闷，称"双杯献酒"，是避实击虚的入局好手！黑应后炮平3，这样尚可支撑。

2. 马三进五，车4进4。

3. 仕六进五，车4平5。

4. 车九平六，马2进3。

5. 车六进八……(入局飞刀图 2－17)

红进车点穴，凶悍！伏前炮平五，士6进5，车六平五"穿心杀"的凶招，乃入局飞刀之手。

5. ……车8平5。

黑车护中，暂解燃眉之急。

6. 车八退三，马3进5。

红方退车捉马，虚晃一枪；黑方进马抓相，中了红方圈套。黑应改走炮5平3，尚可坚持一会。

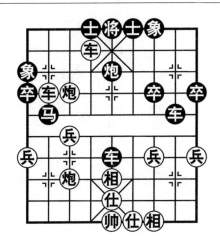

入局飞刀图 2－17

7. 车八进六,象 1 退 3。

黑退象暂避锋芒。若改走士 6 进 5,则前炮进三,象 1 退 3,炮七进七,形成"双杯献酒"杀。

8. 前炮平五。(红胜)

漂亮的闪击! 黑方认负。以下黑如续走后车退 1,则炮七进七,再"剥皮"胜;又如炮 5 平 3,则车八平七吃象胜。

第 18 局　弃马抢攻,中路突破

如问题图 2－18,是 2008 年象棋全国个人赛预赛男子 A 组第 6 轮的一盘棋。观枰,双方兵力相等,黑方右翼空虚;红方中炮盘头,呈攻击态势。红先,该如何入局?

着法:(红先)

1. 车一平四,炮 2 平 7。

2. 马五进四……(入局飞刀图 2－18)

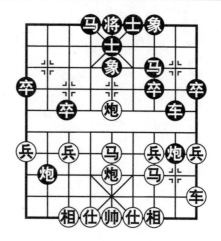

问题图 2－18

红方策划弃马抢攻,乃入局飞刀之招! 有胆有识。

2. ……车 8 退 2。

3. 前炮退一,马 4 进 3。

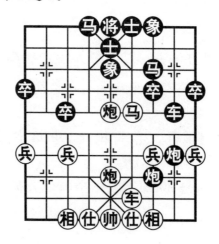

入局飞刀图 2－18

红退炮通马路,准备奔槽要杀;黑方只能跳出"贴身马"。

4. 马四进五,马 7 进 5。

5. 马五进七,将 5 平 4。

6. 车四平六,马 5 退 4。

黑如改走车 8 平 4,则后炮平六,马 5 退 4,车六平八,红胜。

7. 前炮平六,士 5 进 4。

8. 车六平八。

黑方认负。黑如续走将 4 平 5,则炮六平五,将 5 平 4,车八进八,红胜。

第 19 局　献马解杀,倒转乾坤

如问题图 2 - 19,是 2001 年全国象棋个人赛中的弈战局谱。观枰,双方战斗激烈,呈对杀之势。现轮黑方走子,黑有何妙手一举取胜呢?

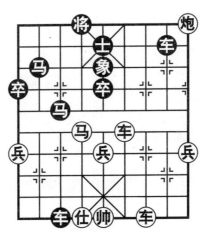

问题图 2 - 19

着法:(黑先)

1. ……马 3 进 2!(入局飞刀图 2 - 19)

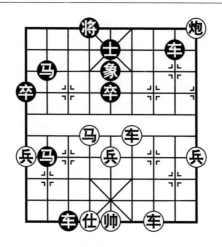

入局飞刀图 2－19

黑方献马绝妙！解杀还杀,为飞刀之招,因红方伏有车三进九,将 4 进 1,马六进七,将 4 进 1,车四平六的杀着。

2. 马六退五,前马进 3!

卧槽请帅,连续攻杀,当仁不让!

3. 帅五进一,车 8 进 7。

4. 车三进一,车 8 平 7。

5. 马五退三,车 3 平 4。

至此,红见大势已去,推枰认负。黑胜。

第 20 局　投鞭断流,双打闪击

如问题图 2－20,是 2007 年全国象棋个人赛实战中的局谱。观枰,黑方少两卒,且盘面较为散乱。现轮红走,该如何快刀斩乱麻呢?

着法:(红先)

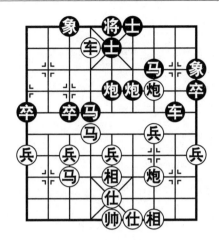

问题图 2－20

1. 前炮退一······（入局飞刀图 2－20）

红象口献炮，切断黑方车、马的联系，精妙！

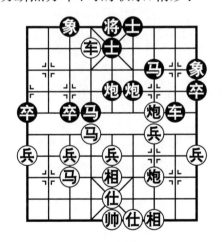

入局飞刀图 2－20

1. ······马 4 进 6。

黑如象 9 进 7，则兵三进一，车 8 平 7，炮三进五，车 7 退 2，车六退三，红方得子，呈胜势。

2. 前炮平九……

红炮闪击,双打车马,着法精彩! 这是入局飞刀的延续,黑方已难招架。

2. ……车 8 退 2。

3. 炮九进四,象 3 进 1。

4. 车六平八,将 5 平 4。

黑如马 6 进 7,则马六进五;马 7 进 5,车八进一;士 5 退 4,车八退二;士 4 进 5,车八平二。黑方丢车,败北。

5. 车八进一,将 4 进 1。

6. 车八退一,将 4 退 1。

7. 车八退一。(红胜)

以下黑只有马 6 进 7(如炮 6 退 1,则马六进七,黑难以应付红方杀势),红则马六进五,仍属红胜,故黑方认负。

第 21 局 两度弃车,精妙入杀

如问题图 2-21,是全国象棋个人赛安徽对河南的实战中局片段。观枰,红方车、马杀入敌阵。右车拉住黑无根车、炮,但红车被捉,红方该如何操刀?

着法:(红先)

1. 马六进四……(入局飞刀图 2-21)

红方弃车奔马,巧妙的入局飞刀!

1. ……车 3 平 2。

黑方如改走马 3 进 4 吃车,则马四进六;将 5 进 1,马六退七,红方得子,胜定。

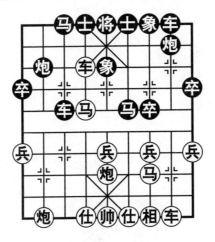

问题图 2－21

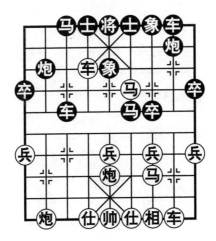

入局飞刀图 2－21

2. 车六进一,炮2进7。

3. 仕六进五,士6进5。

4. 马四进三,将5平6。

5. 炮五平四,士5进6。

6. 车二进七,炮8平4。

红方再度弃车追杀,紧凑有力！黑如士4进5,红车六平五仍杀。

7. 车二平四,炮4平6。

8. 车四进一,将6平5。

9. 车四平六。（红胜）

第22局　弃马弃炮,再弃肋车

如问题图2-22,是全国象棋个人赛北京选手对武汉选手的实战中局谱,从盘面上看,双方呈对攻之势,黑方虽少一子,但车拴红车、马。红先,应如何应对呢?

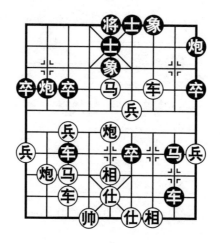

问题图2-22

着法:（红先）

1. 车七平六……（入局飞刀图2-22）

红方毅然弃马,有胆有识！乃抢攻入局的飞刀之手！

1. ……车3进1。

2. 车六进四,炮2退2。

74

进车弃炮,继续贯彻抢攻计划,令人赞叹!

3. 马五进七,炮2平4。

4. 车三平六!(红胜)

车平肋道,入炮口垫将,精彩之极!形成"铁门栓"杀。

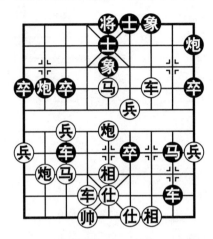

入局飞刀图 2-22

第23局　御驾亲征,进洞出洞

如问题图2-23,是全国象棋个人赛双方弈完第22回合后的中局形势。从盘面看,红方少兵、少双相,局势堪忧。可轮到走棋的红方却针对黑方孤士的弱点,突然出招。

着法:(红先)

1. 帅五平六……(入局飞刀图2-23)

红出帅助攻,暗伏杀机,乃飞刀之招!如急于走车六进六,则将5进1;车六平二,马7退8;炮九平二,炮8平9,黑足可与红抗衡。

1. ……马1进3。

2. 马九退七,马7退6。

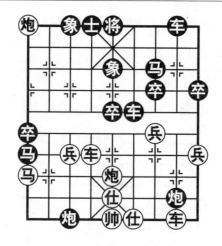

问题图 2－23

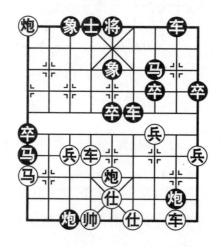

入局飞刀图 2－23

　　黑方退马解红方"进洞出洞"的杀着,实属无奈之举。黑如改走将5平6,则车六进六;将6进1,车六退一;马7退5,炮九平二得车,黑方立溃。

　　3. 车二进一……

　　红车啃炮,先弃后取,好棋!

3. ······车 8 进 8。

4. 车六进六,将 5 进 1。

5. 车六平五,将 5 平 6。

6. 车五平四······

红方连吃马照将,带抽黑车,愉快之极!

6. ······将 6 平 5。

7. 车四退四。

至此,红方反而多出一子,大占优势,结果红胜。(余着从略)

第 24 局 喂马通炮,立杀无赦

如问题图 2-24,是 2004 年全国象棋个人赛女子组黑龙江选手对广东选手弈成的中局形势。观枰,红车、炮杀入敌阵,已经得势,但八路炮被捉。红先,该如何操刀?

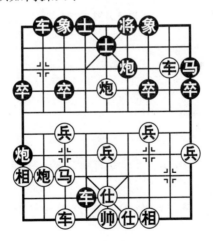

问题图 2-24

着法:(红先)

1. 马七进八……(入局飞刀图 2－24)

红喂马打车,通炮路,精彩!迅速入局成杀,为飞刀之招!

1. ……车 2 进 5。

2. 炮八平四,炮 6 平 5。

3. 车二平四,将 6 平 5。

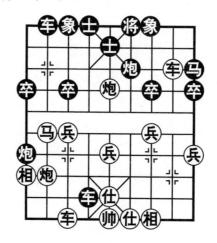

入局飞刀图 2－24

4. 车四平三。(红胜)

以下黑方只能马 9 退 7,则车三进一;象 7 进 9,车三平二;将 5 平 6,车二进一,再重炮连杀。

第 25 局　骏马奔袭,弃车连杀

如问题图 2－25,是全国象棋个人赛中战成的中局形势。观枰,双方虽实力相当,但黑双车、马、炮占位俱佳。黑先,该如何迅速反击?

着法:(黑先)

1. ……马 6 进 4!(入局飞刀图 2－25)

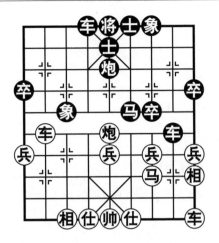

问题图 2 - 25

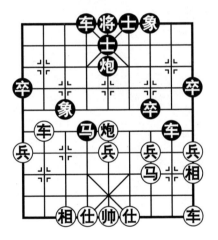

入局飞刀图 2 - 25

黑拍马过河,既拦红车,又可车 8 平 5 杀炮,且伏马 4 进 3 叫杀抽,可谓一石三鸟! 绝佳。

2. 兵三进一,马 4 进 3。

红如改走仕五进四,则车 8 平 5;兵五进一,马 4 进 3 叫杀得车,黑胜。

3. 仕四进五,车 8 进 2。

4. 车八进二,车 8 平 7。

黑方得马,已呈胜势。

5. 车一平四,车 7 退 1。

6. 相七进五,车 7 平 5。

7. 车四进四,车 4 进 9!

黑方弃车杀仕,出红方意料,杀法精妙! 至此,红方认负。以下必然是仕五退六,则车 5 进 1;帅五平四,车 5 进 2;帅四进一,马 3 退 5;帅四进一,马 5 进 4;炮五退三,车 5 平 6;帅四平五,马 4 退 3;帅五平六,车 6 平 4 连杀,黑胜。

第三章　全国象棋团体赛战例

第1局　蹬车窥槽，弃兵建功

如问题图3-1，是1999年全国象棋团体赛中的中局战例，盘面乍看风平浪静。红先，该如何施展飞刀手段入局呢？

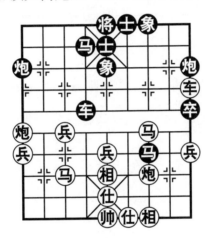

问题图 3-1

着法：(红先)

1. 马三进四，车4平2。

2. 兵七进一……(入局飞刀图3-1)

红方妙演进七兵"飞刀"，意在腾挪左炮，一锤定音！

2. ……车2平3。

3. 马四进三，将5平4。

4. 炮九平六！

至此，黑方认负。以下黑如接着走车3平4(又如炮1平4，则车

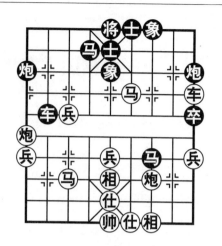

入局飞刀图 3－1

一平九;车 3 退 4,车九进二,红胜),则车一平七;炮 1 平 3,车七平九;炮 3 平 1,马三退一;象 7 进 9,车九进一,红方得子,胜定。

第 2 局　炮插敌营,雪上加霜

　　如问题图 3－2,是 1988 年全国象棋团体赛中的中局片段。观枰,似乎双方呈对攻态势。现轮黑方走子,能否抓住红方弱点飞刀入局呢?

着法:(黑先)

1. ……炮 2 进 6!(入局飞刀图 3－2)

黑炮直插敌阵,紧抓红方局面的致命弱点,飞刀之招,精妙绝伦。

2. 车七平八,车 4 进 2!

黑车进宫顶,"铁门栓"杀势发挥得淋漓尽致!

3. 车八进三,将 4 进 1。

4. 马四退五,马 7 进 5。

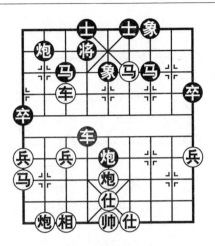

问题图 3－2

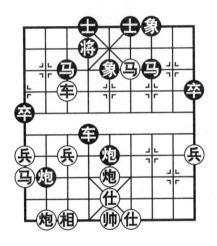

入局飞刀图 3－2

至此,红方因慑于黑炮 2 平 5,再车 4 进 2 的绝命杀招而投子认负。

第 3 局　双杯献酒,破象杀王

如问题图 3－3,是全国象棋团体赛中的中局形势。从盘面来看,双方子力完全对等,形成对峙。红先,有何妙手施展飞刀攻杀入局呢?

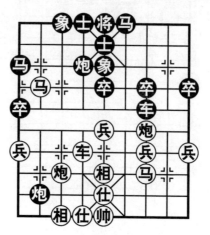

问题图 3 - 3

着法:(红先)

1. 兵五进一……

红弃兵准备挪炮攻杀,妙手!

1. ……车 7 平 5。

2. 炮三平七……(入局飞刀图 3 - 3)

红方平炮伏"双杯献酒"杀势,似入局飞刀,为上着的后续。

2. ……马 6 进 8。

3. 马八进七,将 5 平 6。

4. 前炮进五……

红方弃炮轰象,"发刀"破城!

4. ……象 5 退 3。

5. 炮七进七,将 6 进 1。

6. 马七退九……

红方净掉双象,胜局已定。

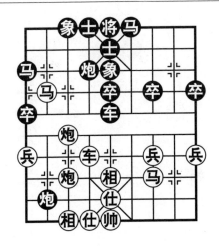

入局飞刀图 3-3

6. ……马 8 进 6。

7. 炮七退一,将 6 退 1。

8. 兵三进一,炮 2 退 6。

9. 车六平二,炮 4 平 1。

黑如改走马 6 退 4,则车二进五,红亦呈胜势。

10. 车二进六。(红胜)

第 4 局 献车让位,绝妙成杀

如问题图 3-4,是无锡全国象棋团体赛的实战中局谱。观枰,双方将帅都不安于位,黑方多子,且炮拴红方车、马。红先,该如何施展飞刀制胜呢?

着法:(红先)

车三平四!(入局飞刀图 3-4)

红方献车让位绝妙,构成绝杀。

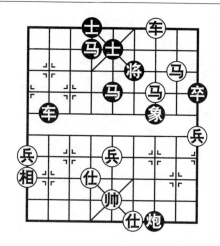

问题图 3－4

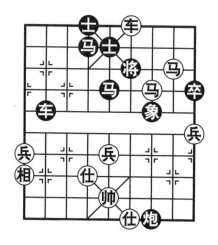

入局飞刀图 3－4

以下无论黑方士 5 退 6 去车还是马 5 退 6 垫马,红均走马二进三杀,红胜。

第 5 局 拉动敌防,重炮妙杀

如问题图 3－5,是 2000 年全国象棋团体赛女子组的实战中局谱。

观枰,红方得势,但一车被捉,另一车正遭逼兑。轮红走子,红该如何入局?

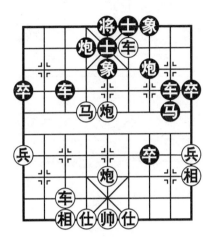

问题图 3-5

着法:(红先)

1. 车七平八……(入局飞刀图 3-5)

红方有马掩护,平车避兑要杀,扯动敌防,是入局的妙招!

1. ……车 3 平 2。

黑如改走车 3 退 3,则马六进五;马 8 进 6(如炮 4 平 6,则车八平六,再马五进七成绝杀),车四退四;象 7 进 5,车八平四;车 8 退 3,前车退一,也是红方胜。

2. 马六进八,炮 4 平 6。

3. 马八进七,将 5 平 4。

4. 车八进八,将 4 进 1。

5. 后炮平六,马 8 进 6。

6. 马七退六,马 6 退 4。

黑只此一招。如误走马 6 进 4 或士 5 进 4,红则皆可马六进八,双

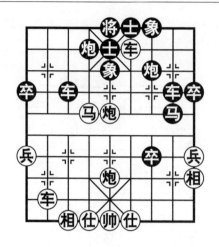

入局飞刀图 3-5

将杀。

7. 马六进八,马4退3。

8. 炮五平六(重炮杀)。

第6局 踏象砸士,中路开花

如问题图 3-6,是 1999 年全国象棋团体赛中弈成的中局形势。观枰,乍看双方形成攻守皆宜的阵势,红虽少兵残相,但大子云集,该如何突破呢?

着法:(红先)

1. 马七进五……

红方弃马破象,凶悍之极!小试飞刀。

1. ……象7进5。

2. 车五进三,马8进6。

3. 炮五进六……(入局飞刀图 3-6)

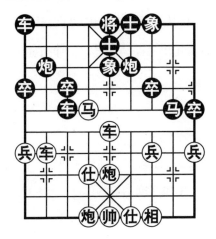

问题图 3－6

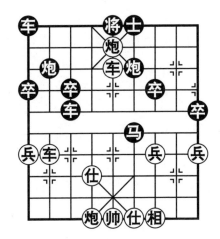

入局飞刀图 3－6

飞炮砸士,中路开花,入局飞刀连出,引人入胜。

3. ⋯⋯士 6 进 5。

4. 车五进一,将 5 平 6。

5. 车八进四,车 3 平 6。

6. 兵三进一⋯⋯

红方挺兵绊马,防止黑方反击。也可改走车八平五,则马 6 进 8;前车平二,马 8 进 7;帅五进一,马 7 退 6;帅五退一,红方胜定。

6. ⋯⋯车 6 退 1。

7. 车八平五,车 1 平 2。

8. 仕四进五⋯⋯

补仕老练!如误走前车平二,则车 6 平 5;车五退二,马 6 退 5;车二进一,将 6 进 1;车二平八,炮 6 平 5;仕六退五,马 5 退 3 抽车,黑方反败为胜。

8. ⋯⋯马 6 退 4。

9. 炮六进五,炮 6 平 8。

黑方弃马、献炮伏杀,做最后挣扎。

10. 仕五进四,车 6 进 4。

11. 炮六平八,车 6 进 2。

12. 帅五进一,炮 8 进 7。

13. 相三进一。

至此,有杀对无杀,下伏后车平三的绝杀。红胜。

第 7 局　砍马入局,精彩制胜

如问题图 3-7,是 1988 年全国象棋团体赛的一盘中局。观枰,红方虽少一子,但中炮和肋车的威力不能小觑。红先,有何飞刀战术精彩入局呢?

着法:(红先)

1. 车四平五⋯⋯(入局飞刀图 3-7)

红方弃车砍马,入局飞刀!

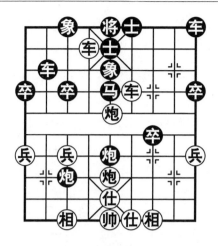

问题图 3−7

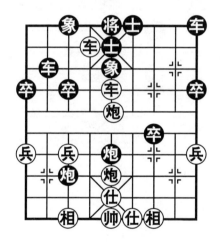

入局飞刀图 3−7

1.┄┄炮 5 退 3。

2. 后炮进四,炮 3 平 4。

黑方弃炮,已无济于事。

3. 帅五平六,车 9 进 2。

4. 车六退六。(红胜)

黑双车远水救不了近火,红方胜得漂亮。

第8局 献马拦截,双杀制胜

如问题图3-8,是邯郸全国团体赛的中局片段。枰面上看,黑先,如走炮7进5打马,红炮五进五照将,然后仕四进五,阵地稳固。黑有何入局妙手呢?

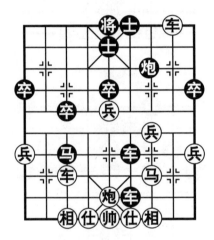

问题图 3-8

着法:(黑先)

1.……马3进5!(入局飞刀图3-8)

献马拦窝心炮,使其无法击出,精妙!

2.炮五平六……

红方不敢吃马,否则炮7进5,黑方速胜。

2.……炮7进5。

3.仕六进五,马5进7。

黑方卧槽伏双要杀,红无解着,黑胜。

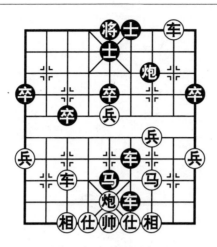

入局飞刀图 3-8

第 9 局 车弃花心, 献炮绝杀

如问题图 3-9, 是 1988 年全国象棋团体赛的实战中局。从盘面上看, 黑方先手且占攻势, 红方阵形不稳, 极力防守, 由于急躁, 让黑方飞刀快速入局。

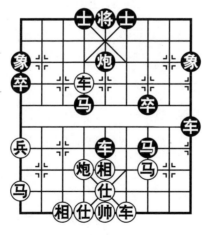

问题图 3-9

着法:(黑先)

1. ……马 4 进 6。

2. 车六平四,卒 7 进 1。

3. 相五进三……

红方贪吃,授人以隙,造成速败!

3. ……车 5 进 2!(入局飞刀图 3 - 9)

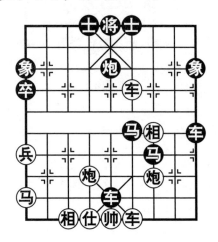

入局飞刀图 3 - 9

黑弃车砍仕,着法凶悍,飞刀入局,一气呵成!

4. 帅五进一,马 7 进 5。

5. 帅五平四,车 9 进 3。

6. 帅四进一,炮 5 平 6!

黑方献炮露将,拴车伏杀,精妙绝伦! 至此,红方无法解除马 6 进 4 的杀着,黑胜。

第 10 局　连弃双马,妙手成杀

如问题图 3 - 10,是"丛台酒杯"全国象棋团体赛弈成的中局谱。

观枰,双方子力对等,红车虽捉黑马,黑马可与红炮交换,看似风平浪静。黑先,只见其突发妙手入局。

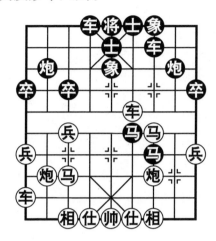

问题图 3－10

着法:(黑先)

1. ……象 5 进 7!(入局飞刀图 3－10)

黑扬象弃马,有胆有识,飞刀之招!

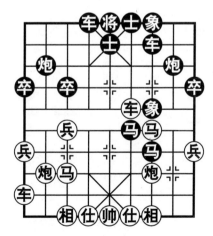

入局飞刀图 3－10

2. 车四退一,炮8平5。

3. 车四退一,炮5进1!

黑升炮再弃马,重炮催杀,是飞刀的继续!

4. 帅五进一,车7平8。

5. 炮八进四,炮2平5。

6. 帅五平四,车4进7!

进车连捉兼催杀,着法紧凑有力! 红已难防范。

7. 车四平三,车四平六!(黑胜)

黑方连弃双马,逼红帅暴露,妙手成杀。

第 11 局　妙弃双车,曲径通幽

如问题图 3-11,是全国象棋团体赛江西对甘肃的实战中局谱。观枰,双方子力大体相等,黑方仅多一卒过河,似有优势。红先,有何妙手?

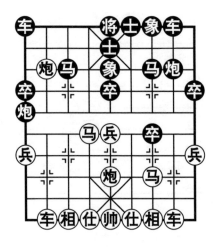

问题图 3-11

着法：(红先)

1.马六进八,马 7 进 8。

红构思巧妙,是入局佳招! 黑借炮使马、打车争先,毫不示弱。

2.马八进六……(入局飞刀图 3－11)

红弃车争先,入局飞刀!

2.……炮 8 进 7。

黑如改走车 1 平 4,则马六进七;车 4 进 1,车二进五;车 4 平 3,马三进五,红方呈胜势。

3.马六进七,将 5 平 4。

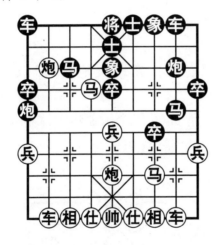

入局飞刀图 3－11

4.车八进六,士 5 进 4。

5.炮五平六,炮 1 平 4。

6.车八平六,士 6 进 5。

7.炮八平六,炮 4 平 3。

红炮轰士凶悍,黑方平炮无奈。黑如改走将 4 进 1,则前炮退二;士 5 进 4,车六进一;将 4 平 5,车六进一;将 5 退 1,车六平四,红方连杀。

8. 车六平九,炮 3 平 4。

9. 车九进三,将 4 进 1。

10. 前炮退一,象 7 进 9。

11. 前炮平八,炮 4 平 5。

12. 兵五进一,车 8 平 1。

13. 炮八进二……

红进炮照将而马不吃车,早已胸有成竹。

13. ……将 4 退 1。

14. 炮八退七。(红胜)

槽马肋炮,构成绝杀。

第 12 局　弃车砍炮,得子收官

如问题图 3 - 12,是 2008 年全国象棋团体赛女子第八轮的实战中局盘面。观枰,双方大子对等,黑方仅多一卒,乍看风平浪静。红先,有何妙手?

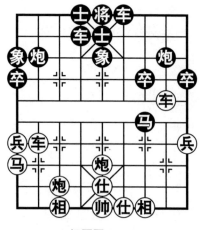

问题图 3 - 12

着法:(红先)

1. 车二进二……(入局飞刀图 3－12)

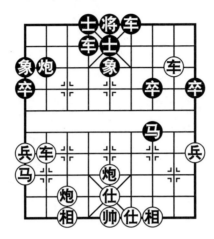

入局飞刀图 3－12

弃车砍炮,胸有成竹,干脆利落的入局飞刀!

1. ……炮 2 平 8。

2. 车八进五……

进车捉车叫杀,吃回一车,乃飞刀手法的后续动作!红携多子之势进入"收官"阶段。

2. ……象 1 进 3。

3. 车八平六,车 6 进 6。

4. 车六退二,卒 7 进 1。

5. 车六平一,将 5 平 6。

6. 车一平二,炮 8 平 7。

7. 相三进一,马 7 进 9。

8. 炮七进二……

高炮好棋,留住九路边兵,并随时伏有炮五平八的闪击,一着两用。

8. ……马 9 进 7。

9. 车二平三,炮 7 退 2。

10. 炮五平八,象 3 退 1。

11. 炮八进六……

进炮好手,伏车三进三吃炮。如改走炮八进七叫将,黑则象 1 退 3,红一时还难获胜。

11. ……士 5 进 4。

12. 炮八平一。

黑见少子、失势,遂认负。

第 13 局　马踏中宫,攻势如虹

如问题图 3－13,是 2008 年全国象棋团体赛男子第 2 轮的中局盘面。观枰,黑方子力位置较佳,占据优势。黑先,该如何迅速入局制胜呢?

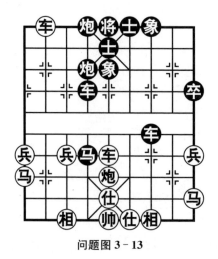

问题图 3－13

着法:(黑先)

1.……马4进5!(入局飞刀图3-13)

马踏中仕,入局猛招,一举击溃红方防线!

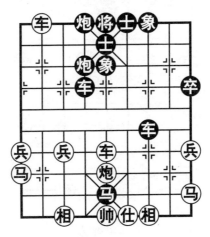

入局飞刀图 3-13

2. 仕四进五,车7进3。

3. 车八退八……

红方为退车护仕而丢马,实属无奈,否则黑车4进5,红速败。

3.……车7平9。

4. 炮五平四,车4平7。

5. 炮四退二,车7进6。

6. 兵七进一,象5退3!

将军脱袍,伏有炮4平5和炮4平8的双重打击!

7. 马九进七,车9平6。

红见无法阻止黑炮4平5和炮4平8的双重威胁,遂认负。

第14局　弃车引入,一气呵成

如问题图3-14,是2000年全国象棋团体赛第2轮弈成的中局形

势。观枰,黑方虽少两子,但双车叫杀。现轮红方走子,红有何入局手
段呢?

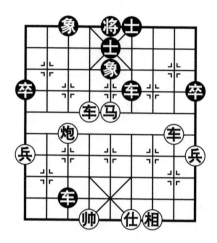

问题图 3-14

着法:(红先)

1. 车六进四……(入局飞刀图 3-14)

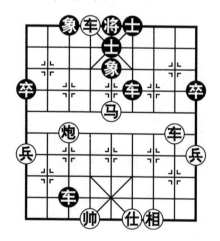

入局飞刀图 3-14

弃车引士,妙手! 乃解杀入局的精彩之招。

1. ……士5退4。

2. 马五进六,将5进1。

3. 车二进四,车6退2。

4. 炮七平五,将5平4。

5. 车二平四,士4进5。

6. 炮五平六……

红照将弃马,一气呵成,弈来干净利落!

6. ……将4进1。

7. 车四退二。

叫杀伏抽车,红胜。

第15局　马口献马,砸士制胜

如问题图3-15,是抚州全国象棋团体赛女子组第1轮中一盘棋的战例。观枰,红方左、中、右形成夹击之势,黑阵呆板,呈败象。红先,该怎样快速入局呢?

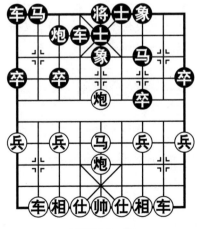

问题图 3-15

着法:(红先)

1. 前炮平六······

红平炮欲打死车,飞刀小试!

1. ······车 4 进 2。

2. 车八进八,炮 3 平 4。

3. 炮六平八,车 4 进 3。

4. 炮八退二,车 4 退 1。

红方退炮打车,妙手;黑方疲于应付。

5. 车二进六,炮 4 进 1。

6. 炮八进六,车 4 进 1。

7. 马五进四······(入局飞刀图 3－15)

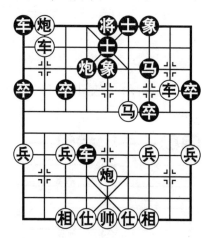

入局飞刀图 3－15

马口献马,引离战术,妙! 伏天地炮杀势。

7. ······马 7 进 6。

8. 炮八平四!(红胜)

以下黑如接着走将 5 平 6,则车二平四;士 5 进 6,车八平六;马 6 进 5,

炮五平二,伏抽车和双车错杀,黑方认负。

第16局 平炮胁士,猛烈攻击

如问题图3-16,是2008年全国象棋团体锦标赛男子第3轮的中局镜头。眼下双方形成对攻。现轮红方走子,红该如何捷足先登?

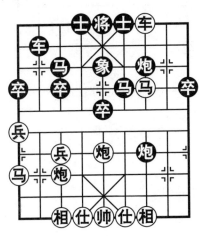

问题图 3-16

着法:(红先)

1. 炮七平四……(入局飞刀图3-16)

红方平炮,抓住黑方阵形的软肋所在,以飞刀之招步入佳境!

1. ……士4进5。

黑如改走马6进4,则马三退五;马4进5(如前炮退6贪车,则马五进六双将杀,红速胜),马五进四照将,黑方难以应付,必败。

2. 炮五进四,将5平4。

3. 炮四进七……

红方打象、砸士是入局飞刀的后续,毁去黑方防线,红已胜利在望。

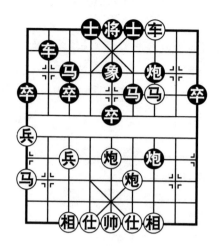

入局飞刀图 3－16

3. ……车 2 进 7。

4. 炮四退二，将 4 进 1。

5. 炮五平三，炮 7 平 5。

黑如改走炮 7 退 4，则车三退二；士 5 进 6，车三平四，黑亦败。

6. 炮四进一，士 5 退 6。

7. 车三平四，马 3 进 5。

8. 炮四平一。

黑方无法抵挡红方强大的攻势，主动认负。

第 17 局 子若行云，棋如流水

如问题图 3－17，是"石林杯"全国象棋团体锦标赛乙组弈成的中局盘面。观枰，双方子力相同，呈胶着状态，黑车正邀兑红车，红有何入局妙手呢？

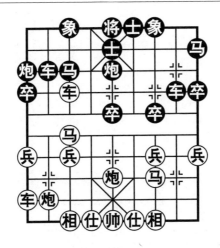

问题图 3－17

着法：(红先)

1. 马七进六,车 2 退 1。

2. 炮八进五……

红挥炮过河,紧凑有力! 伏马六进七、卧槽抽车的凶着。

2. ……将 5 平 4。

3. 车九平六,炮 5 平 4。

4. 车七进一,车 2 进 2。

5. 马六进四! (入局飞刀图 3－
17)

马跃士角,一剑封喉! 至此,红集中火力于黑方肋道,如行云流水伏有多重杀势,黑方无解,红胜。

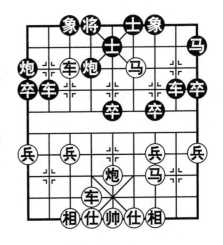

入局飞刀图 3－17

第18局 打将定位,闪击解杀

如问题图 3－18,是全国象棋团体
锦标赛弈成的中局盘面,轮红走子。面对黑方炮 2 进 6 的杀势,红方
如何解杀还杀、反擒对手呢?

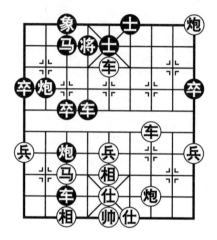

问题图 3－18

着法:(红先)

1. 炮一退一,将 4 退 1。

红退炮照将逼之定位,妙手! 为入局埋下重要一笔。黑如改走士
5 进 6,则车三进四;将 4 退 1,炮一进一;士 6 进 5,车三进一;士 6 进
5,炮三进七,连杀。

2. 车三平六(入局飞刀图 3－18)

红车闪击,解杀还杀,精妙! 乃飞刀之招。

2. ⋯⋯炮 2 进 6。

3. 仕五退六,象 3 进 5。

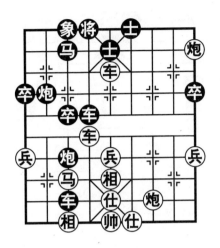

入局飞刀图 3－18

4. 车六进一,士 5 进 4。

5. 车六进二,将 4 平 5。

6. 马七退五,炮 3 进 3。

7. 相五退七,车 3 退 3。

8. 车六平八。

红叫杀得子,胜局已定。黑认负。

第 19 局　制造串打,夺子取胜

如问题图 3－19,是全国象棋团体赛实战中局谱。观枰,双方大子及兵卒虽相等,但红方残相,黑占优势。现轮黑方走,黑有何入局制胜的妙手呢?

着法:(黑先)

1. ······卒 5 进 1。

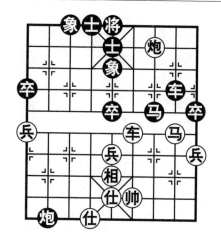

问题图 3－19

2. 兵五进一,炮2退4。(入局飞刀图 3－19)

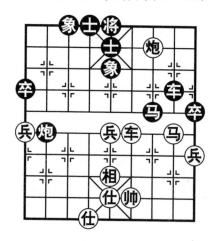

入局飞刀图 3－19

黑方通过弃中卒制造了串打,实施了夺子取势的战略。

3. 相五进七,马7进5。

4. 炮三退六,马5进3。

5. 车四退一,炮2进3。

6. 仕五进六……

如改走帅四进一,则马3退5,再车8进2得子,仍是黑胜。

6. ……马3进4。

7. 仕六进五,车8进2。

黑胜。

第20局　弃马破相,见缝插针

如问题图3-20,是1995年全国象棋团体赛的实战中局谱。观枰,双方大小子对等,局面看似风平浪静。现轮黑方走子,黑该如何撕开红方防线呢?

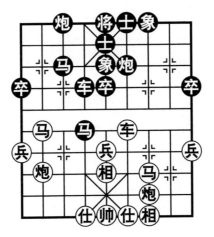

问题图 3-20

着法:(黑先)

1. ……马4进5!(入局飞刀图3-20)

弃马破相,见缝插针,是撕开红方防线的入局好手!

2. 相三进五,车4进4。

3. 炮八平七,炮3进7。

4. 马八退七,车4平3。

黑得回一子,且又掠红方一相,稳占优势。

5. 帅五进一,车3平4!

6. 车四进二,马3进2。

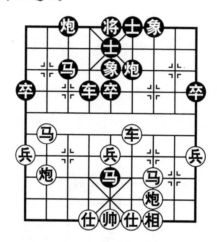

入局飞刀图 3－20

7. 马三进四,车四进二。

8. 马四进五,车4退6!

9. 帅五退一,马2进4。

10. 相五进七,车4平5。

黑方得子,胜定。

第21局 跃马取势,弃车入局

如问题图3-21,是全国象棋团体赛中的弈战局谱。观枰,红方子力云集中路和左翼;黑方子力分散,右翼薄弱。红先,该如何操刀迅速

112

入局制胜呢?

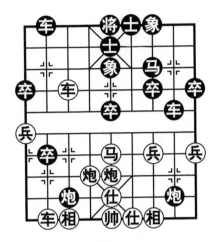

问题图 3－21

着法:(红先)

1. 马五进六,卒 5 进 1。

2. 马六进四,车 8 平 6。

3. 车八进三……(入局飞刀图 3－21)

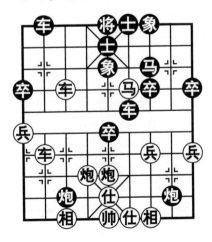

入局飞刀图 3－21

弃车杀卒,敏锐! 快速入局。

3. ……车 2 平 4。

如改走车 2 进 6 吃车,则车七进三,再马四进六杀。

4. 马四进三,车 6 退 3。

5. 炮五进五,士 5 进 6。

6. 炮五退二,车 6 平 7。

7. 炮六进四,车 4 进 3。

8. 车七平六。

红胜。

第 22 局 强势冲卒,加速取胜

如问题图 3 - 22,是全国象棋团体赛中的弈战局谱。观枰,双方实力相当,但红方残相,黑方兵种齐全。眼下双方车正捉对方炮。黑先,有何妙手?

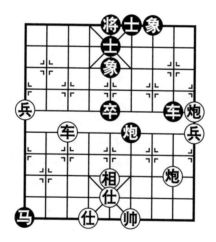

问题图 3 - 22

着法:(黑先)

1. ……卒 5 进 1！（入局飞刀图 3－22）

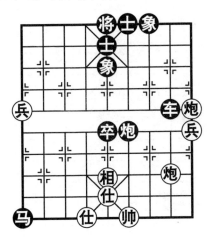

入局飞刀图 3－22

黑冲卒欺车,加速取胜的步伐,乃入局飞刀!

2. 车七退四……

红如改走车七平五去卒,则炮六退三,伏车 8 进 3 吃炮及平 6 照将,红难以应付。

2. ……车 8 进 3。

3. 车七平九,车 8 进 2。

4. 帅四进一,卒 5 进 1。

5. 车九进四,车 8 退 4。

6. 帅四退一,卒 5 进 1。

7. 车九平八,炮·6 平 3。

黑胜。

第23局 轰卒弃车,回马金枪

如问题图 3－23,是全国象棋团体赛浙江队对青岛队弈成的中局形势。观枰,双方形成对攻之势,互有顾忌。现在轮红方走子,红方有何飞刀手段,一气呵成杀局?

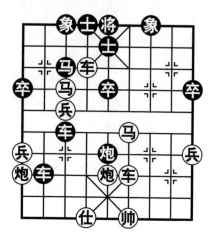

问题图 3－23

着法:(红先)

1. 炮五进四……(入局飞刀图 3－23)

红突发飞刀,轰卒弃车,算准可精妙入局。

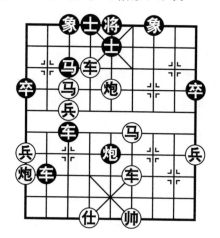

入局飞刀图 3－23

1.……士5进4。

黑如改走象7进5,则马四退五,红亦胜。

2. 马七进五,士4退5。

黑如改走士4进5,则马五进三;将5平4,炮五平六,红胜。

3. 马五进三,将5平6。

4. 马四退五!

"回马金枪",构成绝杀,红胜。

第24局　车马围城,炮定乾坤

如问题图3-24,是全国象棋团体赛河北队对广州队的弈战局谱。观枰,红方兵种齐全,双车、单马杀入黑方腹地,已占优势。现轮红方走子,红该如何操刀入局?

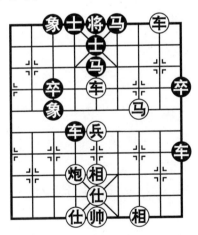

问题图3-24

着法:(红先)

1. 车五平四……(入局飞刀图3-24)

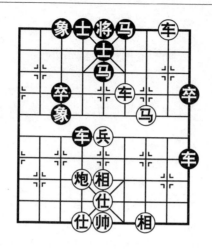

入局飞刀图 3－24

红方平车是凶着！伏车四进三，士 5 退 6，马三进四，再车二退一连杀。

1.······马 5 退 7。

2. 车四进二，马 7 进 9。

3. 车二平三，车 4 退 3。

4. 炮六进四！

进炮镇中催杀，一锤定音！黑方认负。以下如续走车 4 进 1 吃炮，则马三进四；车 4 平 6，车四进一杀！红胜。

第 25 局　以攻对攻，凶狠制胜

如问题图 3－25，是全国象棋团体赛江苏队对广东队的弈战中局谱。观枰，黑方车、炮、卒在红右翼成势，红方有中路车牢牢控制黑窝心马。红先，该如何操刀制胜？

着法：（红先）

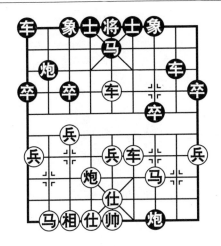

问题图 3－25

1. 炮六进二,炮 7 平 9。

2. 炮六平五……(入局飞刀图 3－25)

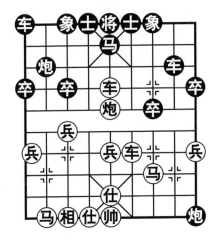

入局飞刀图 3－25

红毅然平炮镇中,置双车被抽于不顾,以攻对攻,乃飞刀之步!

2. ……炮 2 平 6。

黑如改走车 8 进 7,则车四退三;车 8 退 6(如车 8 平 7,则相七进五;车 7 退 2,车四平一,红方大占优势),车四进四;车 8 平 5,帅五平四,杀,红方速胜。

3. 车五平二,马 5 进 7。

4. 车二退二……

红以退为进,精妙异常,乃争先取势之佳着。

4. ……车 8 进 3。

黑若误走卒 7 进 1,则车四进四;卒 7 平 8,车四平五;马 7 退 5,车五平二,红抽回一车,多子,胜定。

5. 马三进二,车 1 进 2。

6. 马二进三,将 5 进 1。

7. 马八进七,车 1 平 4。

8. 炮五退一,车 4 进 1。

红方退炮,步步紧逼,伏马三退五照将抽车;黑方升车捉马,实属无奈。

9. 车四进四,车 4 平 7。

10. 马七进六,将 5 平 4。

11. 车四平七,车 7 平 4。

12. 车七进一,将 4 进 1。

13. 马七进六,将 4 平 5。

14. 帅五平四,象 3 进 1。

红方出帅,细腻! 黑方扬象防七兵助攻,但已无济于事。

15. 兵七进一,象 1 进 3。

16. 炮五平八。

红伏进炮打死车,黑见难以抵抗,遂投子认负。

第四章　其他赛事战例

第1局　弃车杀炮,双将制胜

如问题图4-1,是沈阳市和平区象棋赛中的中局战例。观枰,红方明显占优势。红先,该如何妙用弃子飞刀术入局?

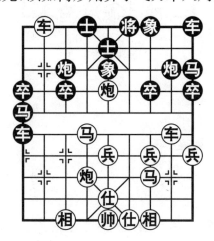

问题图 4-1

着法:(红先)

1. 车二平四,炮8平6。

2. 车四进三……(入局飞刀图4-1)

红弃车砍炮,乃入局飞刀,以连杀制胜。

2. ……炮3平6。

3. 车八平六,士5退4。

红方再弃车杀士,是飞刀手段的继续;黑方如将6进1,则炮五平四;炮6平8,炮六平四,红胜。

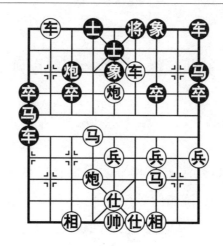

入局飞刀图 4－1

4. 炮六平四，炮 6 平 8。

5. 马六进四，车 1 平 6。

6. 马四进三。（红胜）

红双将成杀，一气呵成！

第 2 局　车口献车，轰象制胜

如问题图 4－2，是某全国性比赛的实战中局片段。观枰，黑方大有黑云压城之势，轮走子的红方该如何妙用飞刀入局呢？

着法：（红先）

1. 车四进二……（入局飞刀图 4－2）

红方针对黑肋车不敢离肋线的弱点，使出飞刀之招，虎口拔牙，精妙之至。

1. ……炮 8 进 3。

黑如改走车 4 平 6 去车，红则车七平八绝杀。

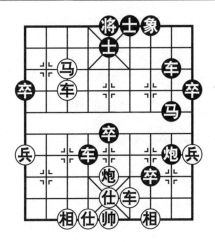

问题图 4 - 2

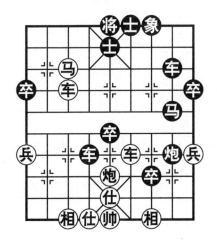

入局飞刀图 4 - 2

2. 相三进一,车 4 退 4。

3. 车七平九······

平车催杀,攻法紧凑!

3. ······象 7 进 5。

4. 帅五平四······

红方出帅助攻凶狠！将中炮的威力发挥得淋漓尽致。

4. ……士 5 进 6。

黑方士 5 进 6 属无奈之举。如改走车 8 退 2,红则炮五进五;士 5 进 6(黑不能车 4 平 5,否则红有"钓鱼马"的杀势),车九进三;将 5 进 1,车九退一;将 5 退 1(如改走将 5 进 1,则车四进四杀),车四平八,红胜。

5. 炮五进五……

飞炮轰象,推毁黑方防线,又是迅速入局的佳着!

5. ……车 8 进 1。

6. 车九进三,将 5 进 1。

7. 车九退一,将 5 退 1。

8. 车四平八。

"双车错"杀,红胜。

第 3 局　知山有虎,却向山行

如问题图 4－3,是杭州"五省市象棋邀请赛"中的中局战例。观枰,双方呈互缠之势,似乎黑方更为得势。轮红走子,红该如何飞刀解围?

着法:(红先)

1. 炮八平四……

红方毅然吃炮,胆大心细,囊中自有妙计!

1. ……马 2 进 3。

2. 车五进一……(入局飞刀图 4－3)

舍车砍炮! 此飞刀手段是囊中妙计的后续。

124

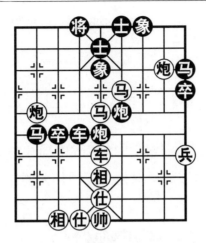

问题图 4-3

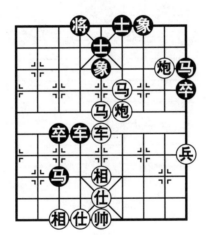

入局飞刀图 4-3

2.······车 4 平 5。

3. 马五进六,车 5 平 4。

马献士角,是飞刀手段的延续,精彩！黑如士 5 进 4,则炮四平六杀。

4. 马六进八。(红胜)

125

以下若将 4 进 1(将 4 平 5,马四进三杀),则炮四平九,再炮九进三,马后炮杀。

第 4 局　中路献马,图穷匕见

如问题图 4-4,是当代国手的实战中局片段。观枰,双方大子众多,棋路纷纭。红先,该如何抓住对方的致命弱点,给予决定性的一击呢?

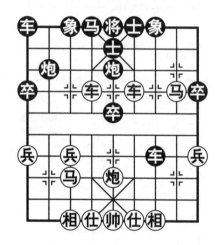

问题图 4-4

着法:(红先)

1. 马七进五(入局飞刀图 4-4)

红中路献马,"飞刀"之招,精妙! 由此吹响进攻号角。

1. ……炮 5 进 4。

黑箭在弦上,发出也罢,否则红有马五进三阻隔的强手。

2. 炮五进三,马 4 进 5。

3. 帅五进一……

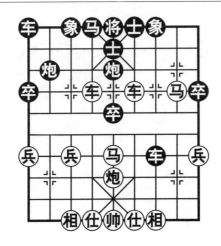

入局飞刀图 4－4

图穷匕见,欲帅五平四造"铁门栓"杀势。

3.……车7退2。

4.马二进三……

连环杀手,着着要命。

4.……车7退3。

5.帅五平四。（红胜）

第5局　双马踏营,弃车制胜

如问题图4－5,是上海象棋邀请赛中的中局片段。观枰,双方兵力大体相同,红棋占先得势,该如何飞刀入局、快速制胜呢?

着法:（红先）

马三进五!（入局飞刀图4－5）

跃马入宫,双马踏敌营,飞刀入局,一招制胜! 至此,红伏马二进四及马五进七杀。以下黑如续走炮1平7去车,则马二进三或进四;

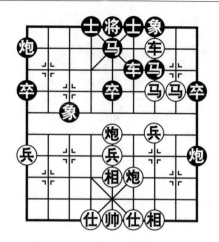

问题图 4 - 5

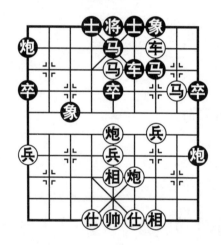

入局飞刀图 4 - 5

车 6 退 1,马五进七杀。黑如车 6 平 5 去马,则炮五进三;马 5 进 3,则马二进四;炮 1 平 6,则车三平四,再车四平六杀,红胜。

第 6 局　回马金枪,献马入杀

如问题图 4 - 6,是全国象棋高手实战的中残局形势。观枰,黑方车炮卒已呈三子归边之杀势。红先,有何飞刀手段捷足先登呢?

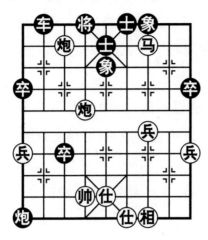

问题图 4 - 6

着法:(红先)

1. 炮七退四,车 2 进 5。

2. 马三退四……(入局飞刀图 4 - 6)

红回马要杀,是入局要着,属飞刀之招!红方由此步入胜局。

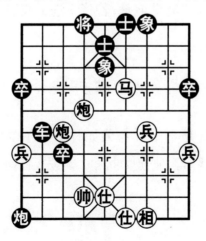

入局飞刀图 4 - 6

2. ……将4进1。

黑方此手出于无奈。如改走将4平5,红则炮六平五,以下黑方难解红马四进三卧槽或马四进六的双杀手段,黑方速败。

3. 炮七进二,士5进6。

红方进炮催杀,紧逼不放;黑如改走车2平4照将,红则仕五进六,黑即使弃车换炮,也难逃一败,只好扬士暂解燃眉之急。

4. 马四进六……

红方献马将口叫将,发动致命一击,妙!

4. ……将4平5。

黑只能如此,不能将4进1吃马,否则炮七平六杀。

5. 炮七平五,象5进3。

红炮平中照将,进一步缩小老将的活动范围;黑方只能扬象,不能将5平6,否则红炮六平四,士6退5,炮五平四重炮杀。

6. 马六进七。(红胜)

至此,黑如平将,则遭重炮杀;若将5进1或退1,红皆有炮六平五杀的手段。

第7局　虎口献车,鬼斧神工

如问题图4-7,是李来群与柴如林于哈尔滨弈战的中局谱。观枰,红方车马杀入敌阵,黑则极力抗争。红先,有何妙手飞刀入局呢?

着法:(红先)

1. 车四进八……(入局飞刀图4-7)

红献车点穴道,伏杀,妙手!

1. ……车8进1。

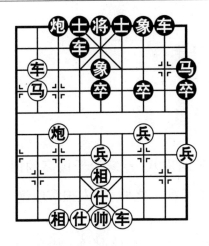

问题图 4-7

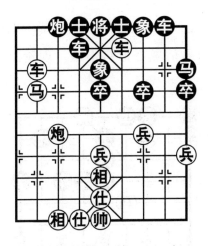

入局飞刀图 4-7

黑方提车纠斗。黑如改走车 4 平 6 吃车,则车八平五;士 6 进 5
(如士 4 进 5,则马八进六,伏马后炮杀),马八进七;将 5 平 6,炮七进
五杀。黑如士 4 进 5,则车八平七;车 4 进 2(如炮 3 平 4,则炮七平九,
黑方难以招架),炮七进五;车 4 平 2,炮七平九;将 5 平 4,车七进二;
将 4 进 1,车七退一;将 4 退 1,炮九平四,黑败定。黑如士 6 进 5,则炮

七平五,红方亦胜。

2. 车四平二,车 4 平 8。

3. 马八进六,车 8 平 4。

4. 炮七平六。(红胜)

黑方失车认负。

本局红方首着车四进八,专家给予极高的评价:"献车虎口,非常人所能弈出! 确有鬼斧神工之妙,令人拍掌叫绝。"

第 8 局　炮口献车,进洞出洞

如问题图 4-8,是江苏、上海象棋友谊赛中的中局谱。观枰,红方重兵压境,马踏黑车,看似黑方形势不妙。现轮黑方走子,黑有何妙手解围呢?

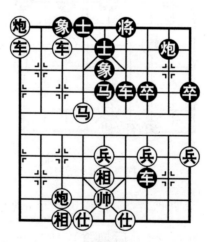

问题图 4-8

着法:(黑先)

车 7 进 1!(入局飞刀图 4-8)

黑炮口献车硬将,此乃飞刀入局,精妙至极!

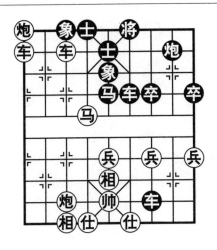

入局飞刀图 4 - 8

至此,构成连杀,红方认负。以下红如炮七平三(如帅五退一,则车 6 进 6 杀),则车 6 进 5;帅五退一,炮 8 进 8;炮三退一(如仕四进五,则车 6 进 1 杀),车 6 进 1;帅五进一,车 6 退 1,黑胜。

此杀招称"进洞出洞"。

第 9 局　中路献车,一举破城

如问题图 4 - 9,是民国时期江西南昌象棋高手比赛的棋谱。观枰,黑方多子占势,必胜无疑。黑先,该如何妙施飞刀,快速入局制胜呢?

着法:(黑先)

1.……车 4 进 2!

黑进车捉双,入局第一招!

2. 车四进四,车 4 平 3。

3. 车八平五,车 3 平 5。(入局飞刀图 4 - 9)

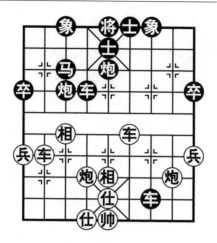

问题图 4-9

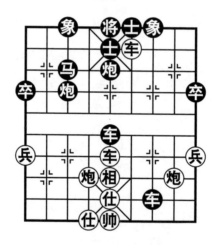

入局飞刀图 4-9

黑车横冲直撞,现平中献车,凶狠之极,此乃飞刀之招!

4. 车五平七……

红方不敢吃车,否则炮5进5打相!不论红方如何应招,黑均以炮3进6成杀。

4. ……车5进2。

5. 帅五平四,车 5 平 8。

黑再车 8 进 2 成绝杀,黑胜。

第 10 局 献炮打闷,巧妙制胜

如问题图 4-10,是 2008 年全国象棋甲级联赛弈成的中局谱。观枰,双方的车正捉对方的马,呈短兵相接之势。黑先,有何飞刀妙手?

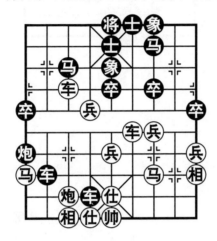

问题图 4-10

着法:(黑先)

1. ······炮 1 平 3!(入局飞刀图 4-10)

炮献车口,强打闷宫,乃绝妙的入局飞刀!

2. 车七退三,马 3 进 4。

黑马踩双车,是炮献车口的连续动作。

3. 车七进三,马 4 进 6。

4. 马三进四,卒 1 进 1。

5. 炮七进三,卒 1 进 1。

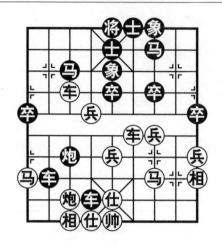

入局飞刀图 4－10

6. 马四进五,卒 1 进 1。

7. 炮七平五,马 7 进 6。(黑胜)

至此,红方中路攻势被瓦解。红方见回天乏术,遂投子认负。

第 11 局　奔马弃车,翻云覆雨

如问题图 4－11,是广东、上海象棋友谊赛的中局谱。观枰,黑方车马受牵且少三卒,不宜久战。黑先,该如何摆脱牵制,打开局面,并迅速入局呢?

着法:(黑先)

1. ……马 2 进 3!(入局飞刀图 4－11)

跃马弃车,有胆有识;算度精准,飞刀入局!

2. 车八进五……

如改走车八平七,则马 3 进 5;仕四进五,车 1 进 2,红方立溃。

2. ……车 1 平 4。

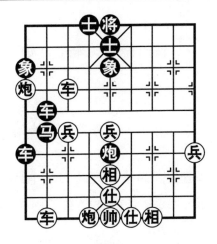

问题图 4 - 11

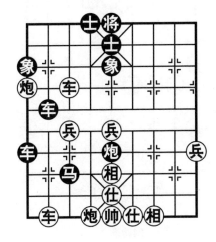

入局飞刀图 4 - 11

3. 车八退五,马 3 进 2。

4. 炮九退五,车 4 进 2!

5. 炮九平八,车 4 平 2。

6. 车七平六,车 2 退 2。

7. 车六退四,车 2 平 3。

8.兵一进一,马2退3。

黑方先弃后取,又以"铁门栓"杀势斩获一炮,黑胜。(以下着法从略)

第12局　运车腾挪,顿挫清爽

如问题图4-12,是全国高手比赛的实战中局片段。观枰,红方多兵;黑方残象,但兵种齐全,且马正咬红车。现轮红走子,红有何入局妙招?

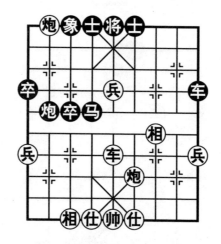

问题图4-12

着法:(红先)

1.车五平八……(入局飞刀图4-12)

红先手捉炮,争得先手,腾挪入局!

1.……马4退3。

黑不能借照吃中兵,否则炮五平四反将,黑方丢子。

2.炮四平五,士6进5。

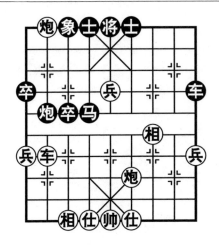

入局飞刀图 4 - 12

3. 车八平二,将 5 平 6。

如改走车 9 退 3,也难逃一败,读者可自行验证。

4. 车二平四,将 6 平 5。

5. 兵五平四,将 5 平 6。

6. 兵四平三,士 5 进 6。

7. 炮五平四,将 6 进 1。

8. 车四进四。(红胜)

红方运子腾挪,顿挫有方。以下必然是将 6 进 1,兵三平四,形成弃车妙杀。

第 13 局　弃车弃马,强行兑车

如问题图 4 - 13,是全国高手的实战中局片段。观枰,黑中炮镇顶,肋车控将门;红方准备在黑方薄弱的右翼展开反击。黑先,有何入局手段?

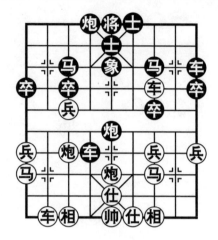

问题图 4-13

着法:(黑先)

1. ······马 3 进 5。

2. 兵七进一,马 5 进 6。

3. 车三平六,马 6 进 8。(入局飞刀图 4-13)

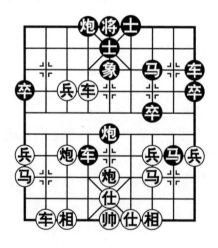

入局飞刀图 4-13

红方的考虑是兑车弃马后,有炮七进四的攻击手段;

黑弃车跃马,冷箭突发,乃入局飞刀之招!

4. 炮七退二，车 4 进 2！

黑进车堵塞，再度弃车，飞刀连发！

5. 车六平四，马 7 进 6！

红方平车，只此一招暂解燃眉之急；黑方弃马，连环杀招！

6. 车四退一，车 9 平 6。

至此，红方难解绝杀，如车八进五，则马 8 进 7，黑胜。

第 14 局　跃马强兑，炮如连珠

如问题图 4－14，是首届世界智力运动会中国象棋比赛的中局片段。观枰，红方五个大子云集一翼蓄势待发。现轮红方走子，该如何抓住黑方弱点，强势入局呢？

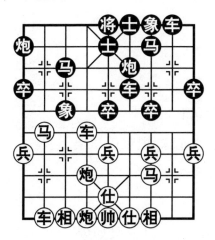

问题图 4－14

着法：(红先)

1. 马八进六……(入局飞刀图 4－14 图)

红强行邀兑黑马，攻黑空门，招法雄劲！乃入局之佳着。

141

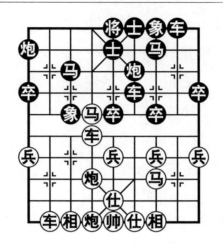

入局飞刀图 4－14

1. ……马 3 退 4。

黑无论改走马 3 进 4 兑马还是走马 7 进 5,均与实战谱殊途同归。

2. 车八进九,炮 1 平 3。

3. 马六进七,马 7 进 5。

4. 前炮进七,士 5 退 4。

5. 炮六进九,炮 6 平 3。

红弃马打士,炮如连珠,黑难以招架。

6. 炮六平四,将 5 进 1。

7. 炮四平二。

红方得车,胜局已定。以下黑如象 7 进 9,则车八平六。黑难以解救,故投子认负。

第 15 局　勇弃双车,生擒黑王

如问题图 4－15,是网络高手比赛战例。观枰,黑方双车、炮、卒兵临城下,伏炮辗丹砂的杀手;红似乎岌岌可危。红先,该如何演绎惊心动魄的妙杀呢?

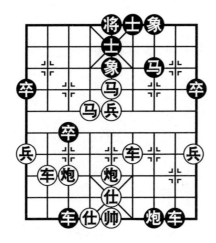

问题图 4 - 15

着法:(红先)

1. 车八进七,士5退4。

2. 车八平六(入局飞刀图 4 - 15)

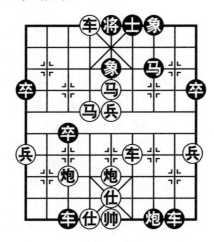

入局飞刀图 4 - 15

红弃车杀士,飞刀入局!

2. ……将 5 平 4。

3. 车四进六……

红再底弃车,攻杀犀利;算度精确,成竹在胸。

3. ……马 7 退 6。

4. 马五进七,将 4 进 1。

黑如改走将 4 平 5,则兵五平四;象 5 退 3,马六进五,红胜。

5. 炮七平六,卒 3 平 4。

6. 马六进五,卒 4 平 5。

7. 马五进四,将 4 进 1。

8. 兵五平六,卒 5 平 4。

9. 兵六进一。(红胜)

本局红勇弃双车,连将 9 步,生擒黑王,令人击节,是不可多得的"佳作"。

第 16 局 平炮献车,精彩动人

如问题图 4-16,是北京市象棋赛甲组比赛的中局片段。观枰,红方多子得势占优,但左翼无根车、炮被锁。红先,有何妙手快速入局制胜呢?

着法:(红先)

1. 炮八平五(入局飞刀图 4-16)

红平炮献车,乃入局飞刀!

1. ……车 2 进 4。

2. 车七进二,车 4 退 5。

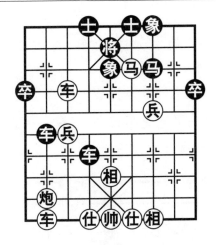

问题图 4－16

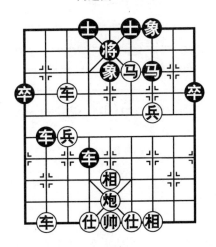

入局飞刀图 4－16

3. 相五退七,将 5 平 6。

4. 车七平六,士 6 进 5。

5. 炮五平四,马 7 进 6。

6. 兵三平四,车 2 退 3。

7. 马四退五。(红胜)

第17局　妙手欺车,穷途末路

如问题图4-17,是上海浦东世界象棋锦标赛的战例。观枰,双方以中炮过河车对屏风马平炮兑车布阵,红有一兵渡河。乍看起来似乎风平浪静,岂料红突发妙手,迅速制胜。

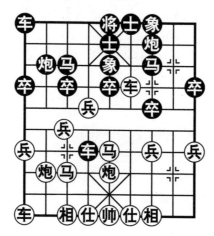

问题图 4-17

着法:(红先)

1. 炮五平四(入局飞刀图4-17)

红炮突然平四路,下伏升炮打死车的凶着,飞刀入局由此开始。

1. ……车4平2。

黑车被逼平2路避炮火,此乃唯一出路。

2. 炮八进五,车2退4。

3. 车四进二……

红进车捉炮,乃飞刀手法的延续! 得子已势在必然。

3. ……炮7平9。

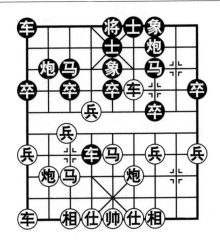

入局飞刀图 4 - 17

4. 车四平三,炮 9 进 5。

5. 车三退一,车 2 进 4。

至此,入局飞刀已见结果,为获胜奠定了基础。

6. 兵三进一,炮 9 平 7。

7. 车九进一,炮 7 平 6。

8. 兵三进一,炮 6 退 1。

9. 车九平六,炮 6 平 5。

10. 炮四平五。(红胜)

至此,红方多子且渡双兵,黑方认负。

第 18 局　骑河献炮,突破封锁

如问题图 4 - 18,是成都象棋大师赛弈战的局谱。观枰,黑炮将红帅逼进花心,红方极盼车、马后续增援,然红车、马、双炮严密封锁。黑先,有何入局妙手?

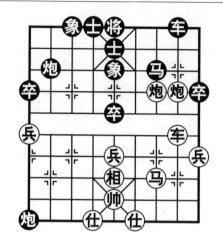

问题图 4－18

着法:(黑先)

1.……炮2进3！（入局飞刀图4－18）

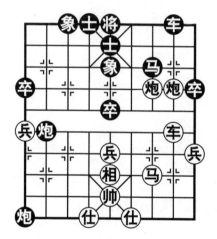

入局飞刀图 4－18

黑炮骑河,妙手！伏卒5进1的打车手段,是此局面下突破封锁的唯一妙招。

2.车二平八,车8进3。

红方用四大强子构筑的封锁性堡垒就此倒塌。

3. 马三进二,马 7 进 5。

4. 帅五平四,马 5 进 7。

黑下伏卒 5 进 1 的凶着。至此,黑得先占势,结果获胜。(余着从略)

第 19 局　车口献马,巧兑争先

如问题图 4-19,是首届世界智力运动会中国象棋比赛中弈成的盘面。眼下双方子力互相牵制,犬牙交错。上一手黑进炮强兑,红有何妙手应招?

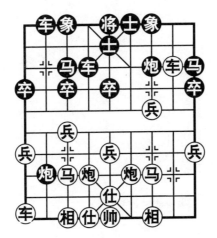

问题图 4-19

着法:(红先)

1. 马七进六······(入局飞刀图 4-19)

红车口献马,巧兑争先,是出人意料的入局妙手!

1. ······车 4 进 3。

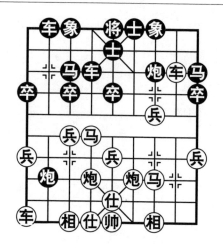

入局飞刀图 4-19

2. 炮四平八,炮7平5。

黑如车2进7,则车二平三;象3进5,兵三平二,黑左马受制,危险。

3. 车九进二,车4平7。

4. 兵三平四,炮5平7。

5. 相三进五,车7进1。

6. 炮六进一,车7退3。

7. 马三进二,车7进5。

8. 马二退三。(红胜)

现红有退炮打死车和车吃炮的双重手段,黑不能两顾,故投子认负。

第20局 果断弃马,车马冷着

如问题图4-20,是2008年全国象棋甲级联赛中两位特级大师弈成的盘面。从盘面看,红马、兵杀入敌阵,但黑车正捉红马,并有兑车手段。红先,该如何操刀?

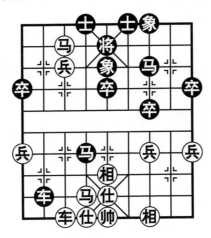

问题图 4－20

着法:(红先)

1. 车七进四……(入局飞刀图 4－20)

红高车弃马,有胆有识! 入局由此开始。

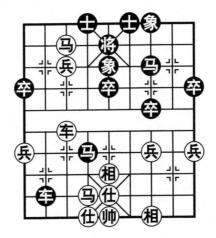

入局飞刀图 4－20

1. ……车 2 平 4。

2. 车七平二,将 5 平 6。

黑将不能平 4,因兵七平六,将 4 进 1,车二平六杀,红速胜。

3. 车二进四,将 6 进 1。

4. 车二退二,将 6 退 1。

5. 兵七平六,马 4 进 6。

黑弃马换兵,无奈。如改走象 5 退 3,则车二平四;将 6 平 5,帅五平四,红胜。

6. 仕五进四,车 4 退 6。

7. 车二进二,将 6 进 1。

8. 马七进五……

红篡位照将,着法精妙,令人叫绝!

8. ……士 4 进 5。

黑如士 6 进 5,则车二退二;将 6 退 1(如象 5 退 3,则车二平四;将 6 平 5,马五退三杀,红胜),车二平四;士 5 进 6,马五退六,红得车,胜定。

9. 车二退二,象 5 退 3。

10. 车二平四,将 6 平 5。

11. 车四平三,马 7 退 9。

12. 车三平五,将 5 平 6。

13. 车五平四,将 6 平 5。

14. 马五退七,车 4 退 1。

15. 车四平五,将 5 平 6。

16. 马七退六。(红胜)

红车、马冷着精彩之极！现已成绝杀,黑只能以车啃马,故投子认负。

第 21 局　砸士入局,挂角制胜

如问题图 4-21,是 2001 年首届 BGN 世界象棋挑战赛中的中局形势。眼下双方呈互缠态势,轮走子的红方该如何突发妙手,飞刀入局呢?

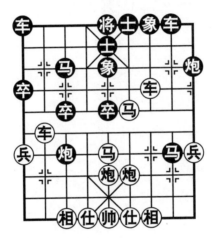

问题图 4-21

着法:(红先)

1. 炮四进七……(入局飞刀图 4-21)

红炮轰底士,双打黑车,妙招！飞刀入局由此开始。

1. ……士 5 退 6。

2. 炮五进三,士 6 进 5。

3. 车八平二,马 8 进 6。

4. 马五退四,车 8 平 9。

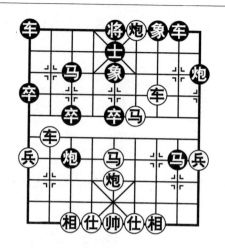

入局飞刀图 4－21

5. 前马进二，将 5 平 4。

黑如炮 9 平 8，则车三进三；车 9 平 7，马二进四；将 5 平 4，车二平六杀。

6. 车三平六，士 5 进 4。

7. 马二进四，象 5 退 3。

8. 车二进四！（红胜）

以下黑如接着走车 1 进 1，则车二平九；马 3 退 1，炮五平六，形成绝杀。

第 22 局　马踏上象，弃车妙杀

如问题图 4－22，是中国香港象棋表演赛中的实战中局片段。观枰，红方车、马、炮杀入敌阵，但黑河沿炮丝线拴牛，紧牵红方车、马。红先，该如何操刀呢？

着法：（红先）

154

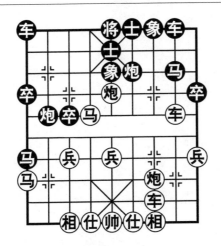

问题图 4－22

1. 马六进五……（入局飞刀图 4－22）

红突破栓链,勇取上象,弃马弃车,胆识过人,乃飞刀之招!

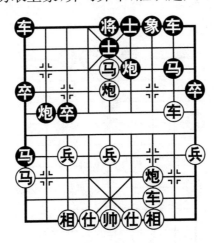

入局飞刀图 4－22

1. ……炮 2 平 8。

如象 7 进 5,则车二进二;车 8 平 7,车二平四,黑少子,败定。

2. 马五进七,将 5 平 4。

3. 车三平六,炮 6 平 4。

4. 车六进六……

红弃车砍炮,精妙!

4. ……士 5 进 4。

5. 炮五平六,士 4 退 5。

6. 炮六退三。(红胜)

红再炮三平六杀,黑无解。

第 23 局　勇弃双车,图穷匕见

如问题图 4－23,是名手表演赛上弈成的一盘中局。上一手黑出将解杀,因迷恋马 4 进 2 的凶着,在理应兑去红中炮时未兑,终酿成大祸。红该如何操刀呢?

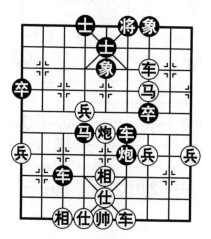

问题图 4－23

着法:(红先)

1. 车四进三……(入局飞刀图 4－23)

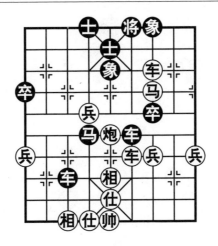

入局飞刀图 4-23

1.……车6进1。

红弃车砍炮,石破天惊,乃入局飞刀!

2. 车三进二……

红再弃一车,锋锐无比,飞刀连发!

2.……象5退7。

3. 马三进二,将6进1。

4. 炮五平一。(红胜)

红弃双车后图穷匕见,构成马后炮绝杀。

第24局 如此贪吃,大难将至

如问题图4-24,是江苏象棋名手赛中弈成的中局盘面。观枰,红方多兵,黑方残象,但局面呈对攻。黑先,因认为随时可兑车而贪吃红炮;红方将如何飞刀入局呢?

着法:(黑先)

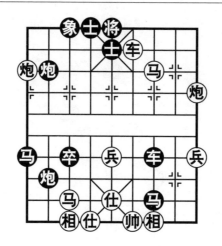

问题图 4－24

1. ······象 3 进 1。

黑贪吃红炮,大难将至。

黑如高瞻远瞩,应改走车 7 平 6 兑车,虽少象,但有卒过河,变化仍多。

2. 车四进一······(入局飞刀图 4－24)

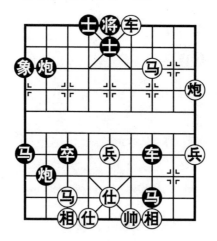

入局飞刀图 4－24

红弃车照将,飞刀入局! 以下成连照胜,杀法精彩异常。

2. ……士5退6。

3. 炮一进三,士6进5。

4. 马三进四,车7退6。

5. 马四退五,士5退6。

黑如改走车7平9吃炮,则马五进三杀。

6. 马五进三,将5进1。

7. 炮一退一。(红胜)

第25局　先弃后取,釜底抽薪

如问题图4-25,是首届象棋埠际赛中形成的中局盘面。观枰,双方炮火连天,呈对攻态势。面对黑方双车、炮的杀势,红先,应该怎么办?

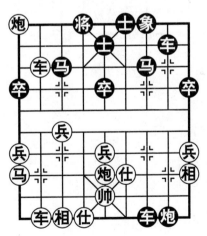

问题图 4-25

着法:(红先)

1. 前车进二,将 4 进 1。

2. 后车进八,将 4 进 1。

3. 炮九退二,马 3 进 2。

黑如改走马 3 退 2 吃车,则炮五平八解杀还杀,红胜。

4. 前车平六……(入局飞刀图 4 - 25)

红献车照将,妙! 先弃后取,釜底抽薪,彻底瓦解黑方的攻杀之势。

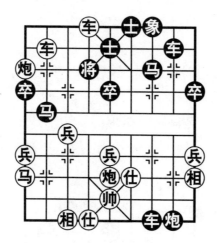

入局飞刀图 4 - 25

4. ……士 5 退 4。

5. 车八平二,车 7 退 1。

6. 帅五退一,炮 8 平 9。

7. 炮九平三,马 2 进 1。

黑如改走车 7 进 1,则帅五进一;车 7 退 7 吃炮,则车二平八;车 7 进 6,帅五退一;马 2 进 4,炮五平六;马 4 退 6,车八退二,黑危险,红方呈胜势。

8. 车二退一,车 7 进 1。

9. 帅五进一,车 7 退 5。

10. 兵七进一……

红强渡七兵作战,如虎添翼！黑不能车 7 平 3 吃兵,因红有炮三退四抽马的应对。

10. ……炮 9 平 3。

11. 炮五平六。

至此,黑终因红方子多势众而无力回天,结果红方获胜。（余着从略）